V&R

Mirjam Zimmermann / Michael Hellwig

Wo glaubst du hin?

Kreatives Schreiben im Religionsunterricht

Vandenhoeck & Ruprecht

Mit 18 Abbildungen

Bibliografische Information der Deutschen Nationalbibliothek

Die Deutsche Nationalbibliothek verzeichnet diese Publikation in der
Deutschen Nationalbibliografie; detaillierte bibliografische Daten sind
im Internet über http://dnb.d-nb.de abrufbar.

ISBN 978-3-525-77004-7
ISBN 978-3-647-77004-8 (E-Book)

Satz: textformart, Göttingen
Umschlagabb.: Ulrike Schönfelder-Hellwig: Jahresringe
Druck und Bindung: ⊕ Hubert & Co, Göttingen

Gedruckt auf alterungsbeständigem Papier.

Inhalt

1. Poetologische Theologie – Über das Heilige schreiben?

Religiöse Sprache ist immer schon poetische und besonders auch metaphorische Sprache. Wer über Gott und die Sphäre des Heiligen sprechen will, kann dies nicht in direkter Weise tun. Er oder sie braucht Vergleiche und Bilder der Welt, um das Unsagbare in Worte zu bringen. So vollzieht sich ein Prozess der Übertragung (griech. *meta-pherein*) von einem semantischen Feld in ein anderes. Und auch wenn das Bild den Gegenstand nie vollständig erfassen kann, immer ein Rest an Unbestimmtheit bleiben muss, so vollzieht sich doch gerade in dieser Sprechweise ein Erkenntnis- und Kommunikationsgewinn. Die reichhaltigen Bilder für Gott wie Vater, Richter, Hirte etc. geben mannigfalt Zeugnis von diesem Sprachprozess. So unbestreitbar diese Einsichten für die Sprache der Bibel oder auch des Gebets anerkannt wurden, so wenig wurde diese Medialität in ihrem Eigenwert gewürdigt.

Die neuzeitliche Theologie wollte vornehmlich als Wissenschaft verstanden werden, d. h. als ein dem Logos und der Rationalität verpflichtetes Denken, das von mythischem, „wildem Denken" (Levi-Strauss) und Sprechen abgegrenzt werden kann. Dichtkunst und Dogmatik schienen einen Gegensatz darzustellen.

Erst im letzten Viertel des 20. Jahrhunderts erinnerte man sich daran, dass die Bibel gerade kein dogmatisches Lehrbuch ist und auch der Begriff *theologia* schon im Griechischen eine bestimmte Form der Poesie darstellte.

In Anknüpfung an die Metapherntheorie von Paul Ricœur haben Eberhart Jüngel und Ingolf U. Dalferth die Bedeutung der Bildhaftigkeit in jeder Rede von Gott neu gewürdigt.[1] Auch in der amerikanischen Theologie hat z. B. Sally McFague diese

---

1 Vgl. Paul Ricoeur / Eberhart Jüngel, Die Metapher. Zur Hermeneutik religiöser Sprache. Mit einer Einführung von Pierre Gisel, S.EvTh, München 1974; Ingolf U. Dalferth, Religiöse Rede von Gott, BEvTh 87, München 1981.

Rolle der Poesie für die religiöse Sprache und Reflexion hervorgehoben.[2] Neben die Metapher wurde bald auch die Erzählung als eine Grundform theologischen Sprechens gestellt. Um von Glauben und Gotteserfahrungen zu sprechen, muss man erzählen. Dabei ist die Erzählung nicht nur ein geschichtsverarbeitendes und identifikatorisches Medium der Sprache, sie stellt auch auf eigene Weise eine strukturierte und ordnende Form der Verarbeitung, mit anderen Worten: eine Reflexionsform, dar. Folgerichtig hat man von einer „narrativen Theologie" (Weinrich) gesprochen.

Im Zuge einer neu entdeckten „biblischen Theologie"[3] wurde nun auch wieder verstärkt wahrgenommen, dass die Reflexionsformen des Glaubens, wie sie in der Bibel gegeben sind, weit weniger aus Begriffslogik und Argumentation bestehen als vielmehr aus Erzählungen und Übertragungen. Der Auszug aus Ägypten wird erzählt, die Jesusgeschichte durch die Evangelienerzählungen erinnert. Die Sprache der Psalmen, des Gebetsbuchs der Bibel, ist ohne ihre wirkmächtigen Bilder gar nicht vorstellbar. Eine an der Sprache der Bibel orientierte Theologie ist deshalb immer auch metaphorische und narrative Theologie.

Doch die Würdigung dieser poetischen Dimension der Theologie entspringt keiner nostalgischen Liebe zur Sprache Kanaans. Der Abschied vom Prinzipiellen und von klar fixierter Begriffssprache ist nicht nur dem Gegenstand besonders angemessen. Er birgt in besonderem Maße auch Chancen für die Gegenwart. Die poetische Sprache erhebt keinen Anspruch auf allgemeine Gültigkeit. Sie weiß von Anfang an um ihre Grenzen. Aber es gelingt ihr, näher an die konkreten Lebensbezüge heranzukommen, ganzheitlichere Theologie zu werden. Sie entspringt der elementaren Erfahrung und ist zugleich in visionärer Weise dem eigenen Denken voraus. Sie ermöglicht auch die gemeinsame Verständigung über sonst dem Sprechen entzogene Erfahrungsbereiche. Sie ist in dieser Weise eine im wahrsten Sinne des Wortes mögliche „Verdichtung" von Lebens- und Gotteserfahrungen.

2 Vgl. Sallie McFague, Metaphorical Theology: Models of God in Religious Language, Philadelphia 1996 (Nachdruck der Ausgabe von 1982).
3 Vgl. etwa die Jahrbücher für biblische Theologie.

Eine ganze Reihe von theoretischen Begründungsversuchen einer derartigen „poetologischen Theologie"[4] sind inzwischen vorgelegt worden. So wurde die lesende Aneignung rezeptionsästhetisch in den Vordergrund gerückt.[5] Andere haben die Autorenschaft Gottes, der in seinem wirksamen Schöpferwort zum „Poeten" wird, als Ausgangspunkt einer poietologischen Theologie genommen.[6] Ästhetische Darstellungsformen unter Einbeziehung der Kunstgeschichte waren für A. Stock oder M. Zeindler Grundlage einer „poetischen Dogmatik".[7] Oder es wurde in Analyse von Werken der profanen Weltliteratur oder der Bibel das Nachdenken über Christus als „Christopoetik" entfaltet.[8] Schließlich hat die sprachwissenschaftlich orientierte Bibelauslegung die Poetik der biblischen Texte wieder neu gewürdigt. Ein exponiertes Beispiel sind hierbei die Gleichnisse im Neuen Testament, die nach einer langen Phase historischer Zergliederung in den letzten dreißig Jahren wieder als „autonome Kunstwerke" anerkannt und besonders in ihrer Metaphorizität und Narrativität analysiert wurden.[9]

4   Vgl. Ulrich H. J. Körtner (Hg.), Poetologische Theologie. Zur ästhetischen Theorie christlicher Sprach- und Lebensformen (Interdisziplinäre Forschung und fächerverbindender Unterricht Bd. 2), Ludwigsfelde 1999; darin besonders Ulrich H. J. Körtner, Zu Einführung: Poesie und Theologie, S. 9–20.

5   Vgl. Klaas Huizing, Homo legens. Vom Ursprung der Theologie im Lesen, Berlin 1996; Ulrich H. J. Körtner, Der inspirierte Leser. Zentrale Aspekte biblischer Hermeneutik, Göttingen 1994.

6   Vgl. Oswald Bayer, Gott als Autor. Zu einer poietologischen Theologie, Tübingen 1999.

7   Vgl. Alex Stock, Poetische Dogmatik, Christologie Bd. 1–4, Paderborn u. a. 1992.1996.1998.

8   Der Begriff stammt von Kuschel, dann in Applikation auf das Johannesevangelium bei Ruben Zimmermann, Christologie der Bilder im Johannesevangelium. Die Christopoetik des vierten Evangeliums unter besonderer Berücksichtigung von Joh 10, WUNT 171, Tübingen 2004; vgl. auch Ders., Paradigmen einer metaphorischen Christologie. Eine Leseanleitung, in: J. Frey / J. Rohls / R. Zimmermann (Hg.), Metaphorik und Christologie, TBT 120, Berlin / New York 2003, S. 1–34.

9   Vgl. Ruben Zimmermann u. a. (Hg.), Kompendium der Gleichnisse Jesu, Gütersloh 2007, dort z. B. die Definition des Gleichnisses als „Parabel", wobei die Kriterien der Narrativität und Metaphorizität zentral gewichtet wurden (siehe S. 21–52).

Während sich auf diese Weise innerhalb der biblischen und systematisch-theologischen Theologie eine Versöhnung von Dichtung und Dogmatik anbahnt, sind Versuche, diese Sprachformen auch in didaktischen Zusammenhängen zu fördern, eher noch die Seltenheit. Man anerkennt z. B. zwar die Prägnanz und den hohen theologischen Reflexionsgrad von Gleichnissen als Miniaturerzählungen, aber Versuche, selbst neue Gleichnisse zu bilden, bleiben sehr begrenzt.[10]

Um in der Sprachform der Bibel oder im weiteren Sinn einer „poetologischen Theologie" heimisch zu werden, ist es notwendig, nicht nur „über" sie zu sprechen, sondern sie auch nachzusprechen, umzusprechen und neu zu sprechen.

Damit Bilder vertraut, Erzählungen zu Master-Geschichten der eigenen Lebensgeschichte werden können, muss man sich in ihnen bewegen. Das große Haus der biblischen Poesie muss wieder bewohnt werden und darf nicht nur zum Gegenstand distanzierter Betrachtung werden.[11] Dies gilt umso mehr, als eine passive Aneignung dieser Bilder, sei es durch Liturgie und Predigt oder kulturelle Verwendung, immer weniger möglich wird.

Das kreative Schreiben im Religionsunterricht kann in diesem Sinne erste Schritte hin zu einer neuen zeitgemäßen Alphabetisierung in religiöser Sprache anleiten.

---

10 Vgl. z. B. Henri Boulad, Jesus in diesen Tagen. Zwölf moderne Gleichnisse, Mainz 2001.
11 Vgl. hierzu das schöne Gleichnis vom Bibelhaus des Befreiungstheologen Carlos Mesters, wieder abgedruckt in: Mirjam und Ruben Zimmermann, Die Bibel. Vom Textsinn zum Lebenssinn, Göttingen 2003, S. 92.

2. Grundlagen kreativen Schreibens: Begründung – Geschichte – Merkmale

Kreatives Arbeiten ist sicher nicht das Erste, woran beim Thema Schule gedacht wird. Und wenn, dann im Zusammenhang mit dem Kunst-, vielleicht auch dem Musikunterricht oder mit Arbeitsgemeinschaften. Analytisches Arbeiten, die Aufarbeitung und das Memorieren von Wissensbeständen oder das Erlernen formalisierter Arbeitstechniken und Darstellungsformen stehen im Zentrum schulischen Lernens. Auch im Religionsunterricht der Oberstufe geht es vorrangig um Wissenschaftspropädeutik,[1] und das wird sich nicht grundsätzlich ändern (können). Doch dieses Primat des Kognitiven richtet Schule zu einseitig aus.

Professor Wolf Singer,[2] der Direktor des Max-Planck-Instituts für Hirnforschung in Frankfurt, beklagt „das enorme Defizit im Bereich der musischen Fächer". Die Erziehung sei insgesamt „zu einseitig auf die Vermittlung rationaler Fähigkeiten ausgerichtet", weshalb die Gefahr bestehe, dass deutsche Kinder sich „zu kommunikativen Krüppeln" entwickeln. Beim Tanzen, Musizieren, Gestalten, Zeichnen würden vor allem die kommunikativen Fähigkeiten geschult, und Kommunikation sei die Basis aller Entwicklung: „Das Kind muss im emotional abgesicherten Dialog in die Umwelt geführt werden, nur dann kann es ungeheuer viel lernen." Lernen sei für Kinder leichter, wenn sie an Empfindungsvermögen anknüpfen könnten. „Der Umgang mit Formen, Farben, Sprache und Tönen lehrt das Übertragen und Abwandeln und schärft die Sinne", wird zusammengefasst. Sprache tritt bei Singer in diesem Kontext allerdings deutlich in den

---

1 Vgl. exemplarisch Ministerium für Schule und Weiterbildung, Wissenschaft und Forschung, Richtlinien und Lehrpläne Evangelische Religion Sekundarstufe II, Düsseldorf 1999, XII.
2 In: Susanne Beyer / Claudia Vogt, Kultur-Ruck für die Kleinen. In: Der Spiegel 26 (2004), S. 150ff.

Hintergrund. So sagt er bereits 2001 in einem in Frankfurt gehaltenen Vortrag:[3]

„Wie aber kann die Kommunikationsfähigkeit der Kinder so umfassend wie möglich gefördert werden? Wir setzen derzeit vor allem auf die rationale Sprache als Kommunikationsinstrument. Sie ist das einzige der uns mitgegebenen Ausdrucksmittel, das unser Erziehungssystem mit Nachdruck ausbildet. Nun ist es kein Geheimnis, dass bei einem kommunikativen Akt ein erheblicher Teil der vermittelten Information über Mimik, Gestik und Intonation transportiert wird. Auch ist wohlbekannt, dass durch bildnerische, musikalische, mimische, gestische und tänzerische Ausdrucksformen Information transportiert werden kann, die sich in rationaler Sprache nur sehr schwer fassen lässt. Überzeugende Schilderungen widersprüchlicher Gestimmtheiten gelingen nur selten mit Worten allein, es sei denn, es liegt lyrische Sonderbegabung vor."

Vielleicht sollte aber im Umkehrschluss die Frage gestellt werden, wie Kinder und Jugendliche so gefördert werden können, dass sie selbst dann, wenn sie keine lyrischen Sonderbegabungen sind, auch Sprache jenseits rein rationaler Kommunikation verwenden können. Denn Sprache ist nun einmal der zentrale Kanal zwischenmenschlicher Kommunikation – und auch das primäre Ausdrucks- und Darstellungsmedium der Religion.

Für diejenigen, die sich – außerhalb und innerhalb der Schule – mit kultureller Jugendarbeit befassen, ist die Erkenntnis der Wichtigkeit kreativen Arbeitens für die Entwicklung von Kindern und Jugendlichen keine Überraschung. Für sie war es schon immer eine leitende Grundüberzeugung, dass kulturelle Bildung ein Fundament für konzentriertes und damit Erfolg versprechenderes Lernen und Arbeiten schafft, vor allem aber ein wesentlicher Faktor für die Persönlichkeitsentwicklung ist. Mit einer gewissen Sorge betrachten sie es allerdings, wenn der „Erfolg" des kreativen Arbeitens auf soziales Lernen fokussiert wird, denn dann gerät aus dem Blick, dass es beim künstlerischen Ausdruck zunächst um Ästhetik geht. Literatur, Malerei, Musik etc.

---

3 „Was kann ein Mensch wann lernen?" anlässlich des ersten Werkstattgespräches der Initiative McKinsey bildet in der Deutschen Bibliothek, Frankfurt/M. am 12. Juni 2001. Unter: http://www.mpih-frankfurt.mpg. de/global/Np/Pubs/mckinsey.pdf (24.03.2011).

müssen unter diesem Gesichtspunkt betrachtet, betrieben und gewürdigt werden.

Kunst in allen ihren Ausprägungen ist eine zentrale Form der Auseinandersetzung mit „Welt"; nicht nur für Erwachsene, sondern auch für Kinder und Jugendliche – und eben auch für sie nicht nur als Rezipientinnen und Rezipienten,[4] sondern auch als „Produzenten". „Nur-Zuschauen genügt nicht. Selbermachen ist entscheidend, weil nur dann der interaktive Dialog mit der Umwelt einsetzen kann, der für die Optimierung von Entwicklungsprozessen unabdingbar ist.", gibt Professor Singer 2001 in seinem Vortrag die Schlussfolgerungen amerikanischer Forscher wieder.

Nach unserer Überzeugung bietet gerade das kreative Schreiben einen wichtigen Zugang. In Gedichten, Geschichten oder Spielszenen kann ich auf ganz andere Weise Fragen formulieren, Position beziehen (ohne diese gleich sachlich und fundiert begründen zu müssen), Handlungsmöglichkeiten („virtuell") erproben. Literarische Texte wollen nicht objektiv sein, lassen Emotionalität zu, ohne das Verfasser-Ich zu zwingen, sich zu „outen", öffnen die Tür für analytisch kaum erreichbare Vorstellungswelten.

Das scheint vielfach aber eher zu einem gewissen Unwohlsein und zu Irritationen zu führen. Irritationen allein schon hinsichtlich der Begrifflichkeit. Von „kreativem" oder gar „literarischem Schreiben" mögen noch längst nicht alle Pädagogen sprechen; sie fühlen sich nach wie vor „sicherer", wenn sie von „freiem" oder „produktionsorientiertem Schreiben" sprechen. Die Deutschen scheinen mehrheitlich nach wie vor ein gebrochenes Verhältnis zum kreativen Umgang mit Sprache zu haben und sich seit Goethe und Schiller weitgehend nicht vom Geniekult trennen zu können. Entweder ist es einem „gegeben", dann wird man Dichter, oder eben nicht, dann wird man Leser – bestenfalls. Dass Literatur auch etwas mit lehr- und lernbarem Handwerk zu tun hat, ist nur langsam erkannt und noch langsamer akzeptiert worden, hat aber für die Ausbildung von Lehrern und damit für den Un-

---

4   Um der besseren Lesbarkeit willen wird im Folgenden Abstand davon genommen, sowohl männliche als auch weibliche Formen anzuführen.

terricht in den Schulen nach wie vor kaum Konsequenzen. Und so bleiben interessante und wichtige Möglichkeiten unterrichtlicher Arbeit zu oft ungenutzt.

Der kreativ-experimentelle Umgang mit Sprache ist eigentlich Teil einer langen Tradition.[5] Seit der Antike finden sich Sprachspiele, wie z. B. das Akrostichon (auch im hebräischen Psalter, siehe Psalm 119). Schreibspiele kommen im Barock vor und später auch in den literarischen Salons der Romantik (z. B. Reihum-Romane). Die Reformpädagogik, allen voran Freinet, entdeckte das freie und kreative Schreiben für die Schule, während im Dadaismus und im Surrealismus experimentelle Schreibtechniken wie Sprachcollagen oder Traumtexte das literarische Schaffen dominierten.

In den USA ist das kreative Schreiben seit Jahrzehnten reguläres Schulfach und ein eigenständiger Studiengang an vielen amerikanischen Universitäten, während es an deutschen Schulen bis vor zwanzig Jahren sehr in den Hintergrund gedrängt war. Erst in den 70er und 80er Jahren entstanden auch in Deutschland außerschulische Schreibbewegungen, die dann vor allem im Rahmen des handlungs- und produktionsorientierten Deutschunterrichts in den 90er Jahren zumindest in der didaktischen Theorie Popularität auch für die Schule gewannen. Ging es zuerst nur um Integration und Fundierung des kreativen Schreibens in den Deutschunterricht aller Schulformen, so wird jetzt zunehmend ein „fächerübergreifendes Schreib-Curriculum" gefordert.[6]

Das vorliegende Buch kann und will nicht alle denkbaren Fragestellungen aufgreifen. Es will eine Einstiegsmöglichkeit in das kreative Schreiben im Religionsunterricht anbieten und die Fragen thematisieren, die sich als für junge Schreibende zentral her-

---

5 Dokumentation bei Lutz Werder, Kreative Literaturgeschichte, Berlin 1992; Herlinde Koebl, Im Schreiben zu Haus. Wie Schriftsteller zu Werke gehen, Frankfurt/M. 1998.
6 Gerd Antos, Textproduktion. Überlegungen zu einem fächerübergreifenden Schreib-Curriculum. In: Helmuth Feilke / Paul Portmann (Hgg.), Schreiben im Umbruch. Schreibforschung und schulisches Schreiben, Stuttgart u. a. 1996; Ingrid Böttcher (Hg.), Kreatives Schreiben, Berlin 1999.

Grundlagen kreativen Schreibens

ausgestellt haben. Wir wollen damit aber nicht nur alternative Wege der Beschäftigung mit inhaltlichen Fragestellungen des Religionsunterrichts aufzeigen, sondern wir sehen es generell als wichtig an, Kreativität zu fördern. Kreativität als die universelle Eigenschaft, Neues zu schaffen, und Bekanntes durch selbst geschaffene Kultur zu ersetzen. Kreativität ist nicht nur im engeren kulturellen Bereich von Bedeutung, sondern generell in allen beruflichen Feldern. Im Kontext von Gesellschaft und Wirtschaft ist Kreativität längst zu einer Zauberformel geworden: Bestehen kann nur, wer kreativ ist! Kreativ erscheint da als Synonym zu sensibel, spontan, originell, innovativ, divergent denkend, produktiv, fantasievoll, inspiriert usw.[7] Vieles davon kommt bei kreativen Menschen sicherlich zum Tragen, ist aber so umfassend schulisch bestimmt nicht zu bilden. Aber dennoch profitieren von Kreativitätsförderung – in welchen Zusammenhängen auch immer – die künftige Ingenieurin und Mathematiklehrerin genauso wie der spätere Jurist oder Betriebswirtschaftler – letztlich dann auch auf der Ebene außerästhetischer Nützlichkeitserwägungen.

Kreativitätsförderung kann Kreativität natürlich nicht ersetzen. Aber gehen wir davon aus, dass Kreativität ein Persönlichkeitsmerkmal ist, für das bei allen Menschen eine Disposition vorliegt, dann kann Kreativität bei jedem Menschen gefördert werden. Kreatives Schreiben zielt darauf ab, dass „durch die Aktivierung der Imaginationskraft etwas Neues entsteht, zumindest eine neue Sicht auf Bekanntes realisiert werden kann."[8] Weil sich Kreativität auf das Denken, das Handeln und auf das Produkt des Denkens und Handelns bezieht, können diese Prozesse auf allen Ebenen unterstützt werden, die eigene „Idee" muss dennoch jeder selbst finden. Auf der anderen Seite macht eine gute Idee allein eben noch keinen guten Text aus.

---

7 Vgl. Otto Kruse, Kreativität als Ressource für Veränderung und Wachstum, Bonn 1997, Schaubild auf S. 31. Viele Definitionen, Zielvorstellungen und Merkmale des kreativen Schreibens operieren genau mit diesen Umschreibungsbegriffen.
8 Kaspar H. Spinner (1993), Kreatives Schreiben. In: Praxis Deutsch 119, S. 17–23, 21.

Deshalb wollen wir nicht nur zeigen, welche inhaltlichen Anbindungsmöglichkeiten und methodischen Zugriffe für das kreative Schreiben der Religionsunterricht bietet, sondern auch, wie mit den entstandenen Texten umgegangen werden kann; Stichworte hierzu sind Beratung, Präsentation und Benotung.

Um nicht einfach nur zu „behaupten", dass kreatives Schreiben von und mit Kindern und Jugendlichen in der Schule möglich ist, haben wir an einigen Stellen Texte junger Schreibender eingefügt. Mit ihnen möchten wir nicht nur veranschaulichen, wie zum Beispiel bestimmte Formen aussehen, sondern vor allem exemplarisch zeigen, was kreativ arbeitende Kinder und Jugendliche[9] leisten können. Teilweise kann mit diesen Texten im Unterricht weitergearbeitet werden, denn Schüler sind an den Werken Gleichaltriger oft bedeutend mehr interessiert als an denen der großen „Altmeister". Die Texte stammen aus verschiedenen Zusammenhängen im Religionsunterricht und teilweise aus dem seit 1981 am Widukind-Gymnasium in Enger existierenden Rumpelstilzchen-Literaturprojekt.

Die einzelnen Teile dieses Buches fügen sich nicht zu einem geschlossenen „Lehrgang", sondern sind Bausteine, die nach Bedarf (und bedarfsgerecht angepasst) in unterschiedliche Unterrichtsvorhaben integriert werden können.

Auch wenn Schule der Ort ist, für den das vorliegende Buch mit seinen Vorschlägen und Hinweisen konzipiert ist, ist vieles daraus auch in anderen Kontexten einsetzbar. Auch in der Gemeindearbeit bietet das kreative Schreiben neue Zugänge zu religiösen Fragestellungen, sicher nicht nur in der Arbeit mit Kindern und Jugendlichen. „Literarische Gottesdienste" müssen z. B. nicht „nur" Schulgottesdienste sein oder – was in einigen Gemeinden eine gute Tradition hat – von Schriftstellern gestaltet werden. In der Gemeindearbeit wird der Aspekt der Bewertung logischerweise keine Rolle spielen, der der Beratung allerdings schon. Und dass es keine Noten gibt, sollte auch nicht heißen,

---

9 Hier sind weitgehend Texte von Schülern im Alter zwischen 9 und 19 Jahren publiziert, an einigen Stellen haben wir jedoch auch auf Texte von Studierenden zurückgegriffen, die in Seminaren zum kreativen Schreiben im Religionsunterricht entstanden sind.

Grundlagen kreativen Schreibens

dass hier unreflektiert und „aus dem Bauch" geschrieben werden kann. Dort, wo das geschieht, werden die Ergebnisse letztlich weder die Verfasser noch das Publikum zufriedenstellen können.

Ebenso wie im Religionsunterricht und in der Gemeindearbeit ist der Einsatz dieses Buches im Studium denkbar, und zwar auf zwei Ebenen: Zum einen durchaus auch bei der inhaltlichen Auseinandersetzung mit religiösen Themen, mehr noch aber bei der Vorbereitung auf das, was dann später Teil der eigenen Unterrichtsarbeit werden kann. „Das war nicht Teil meiner Ausbildung" ist nämlich leider nicht selten die Erklärung – oder die Ausrede –, wenn bestimmte wünschenswerte inhaltliche oder methodische Dinge in der eigenen Arbeit nicht stattfinden. Und nach unserer Erfahrung findet kreatives Schreiben in der Ausbildung zukünftiger Lehrer (nicht nur Religionslehrer) nach wie vor viel zu wenig statt.

3. Religionsdidaktische Begründungen

3.1 Wieso kreatives Schreiben im Religionsunterricht?

„Theologie und Poesie haben heute mehr gemeinsam als je zuvor. In den Schulen und Ausbildungsstätten verzichtet man gern auf das Erlernen dieser Sprachen: Die passive Aneignung wird noch geduldet, alles, was über die bloße Rezeption eines kulturellen Erbes hinausgeht, wird begradigt. Wer wollte denn dichten und beten lehren? Wer maßte sich an, aus einer Engelssprache zu übersetzen? Welche Lehrer hätten denn ein Interesse daran, den ‚Zeigefinger des verborgenen Menschen in uns‘ durch Sprache sichtbar zu machen? Wer wollte tun, was Poesie und Gebet immer wieder versuchen, Gott mitzuteilen, Gott zu teilen, das Gute, das sich mitteilt, weiter zu verteilen?"[1]

Mit diesem Buch möchten wir versuchen, erste zaghafte Schritte auf dieser Himmelsleiter zu gehen, um für die Zukunft vielleicht irgendwann positive Antworten auf Dorothee Sölles Fragen geben zu können: Ja, wir wollen dichten lehren, gerade im Religionsunterricht!

3.2 Unterrichtsprinzipien und kreatives Schreiben

Irritation, Expression, Imagination[2] werden als zentrale Unterrichtsprinzipien bezeichnet, die beim kreativen Schreiben besondere Entfaltung finden. Unterrichtsprinzipien als Grundsätze der

---

1 Dorothee Sölle: Aus einer Engelssprache übersetzen … Theologie und Poesie. In: Das Gedicht. Zeitschrift für Lyrik, Essay und Kritik Nr. 9 „Himmel und Hölle" Herbst 2001 bis Sommer 2002, S. 95 – Mit „Zeigefinger des verborgenen Menschen in uns" zitiert Dorothee Sölle Johann Georg Hamann [1730–1788]
2 Vgl. Ludwig Sauter, Kreatives Schreiben im Religionsunterricht, Stuttgart 2007, S. 8 f., mit Bezug auf Spinner, Kreatives Schreiben, (s. S. 15, Anm. 8),

inhaltlichen und methodischen Gestaltung des Unterricht sagen aber noch wenig über den Ablauf von Unterricht aus, sondern eher etwas über die Gestaltung und Bewältigung der Lerninhalte. Nach diesen Kriterien wird in der didaktischen Transformation mittels einer didaktischen Reflexion aus einem Sachverhalt ein Unterrichtsgegenstand. Wie kann das mittels Irritation, Expression und Imagination erfolgen?

Um Kreativität in Gang zu setzen, ist es nötig, aus dem Alltagsdenken herauszutreten und eingeschliffene Routinen in der je eigenen Wahrnehmung und Handlung zu durchbrechen. So kann es zu einer „Irritation der Strukturen" kommen, die es ermöglichen, Neues zu schaffen. Dies kann beim kreativen Schreiben besonders forciert werden, weil Schreibende durch Verfahren bewusst in Situationen und Perspektiven geführt werden, die Automatismen aufbrechen. Methodisch ist hier z. B. an das Schreiben aus ungewohnter Perspektive zu denken, das Schreiben zu surrealen Bildern oder zu divergenten Begriffen.

Da jedes Schreiben immer auch ein Schreiben über sich selbst ist, wird im Schreibprozess eine verstärkte Selbstwahrnehmung in Gang gesetzt. Momente der eigenen Befindlichkeit, Emotionen und individuelle Vorstellungen gehen während des Suchprozesses in das Schreibprodukt ein und helfen so auch bei der Suche nach der eigenen Identität.

Imagination als Ausgestaltung von Fantasien verbindet Irritation und Expression. Durch die Gegenüberstellung von erfahrbarer äußerer Welt und eigenen Vorstellungen und Wünschen werden unerwartete Räume der Fantasie eröffnet.

Inwiefern korrespondieren diese Unterrichtsprinzipien kreativen Schreibens aber mit den für den Religionsunterricht in allen Schulformen relevanten?

Wenn, wie z. B. im Lehrplan NRW, ev. Religion, Grundschule,[3] betont wird, dass in einer erfahrungsorientierten Didaktik die vier

S. 82 f. und Ingrid Böttcher (Hg.), Kreatives Schreiben. Grundlagen und Methoden, Berlin 1999, S. 9–13.

3 Vgl. Ministerium für Schule und Weiterbildung in NRW (Hg.), Richtlinien und Lehrpläne für die Grundschule in NRW, Evangelische Religionslehre, Düsseldorf 2008, S. 130 ff.

Erfahrungsräume (die Erfahrungen des Kindes zu sich selbst, zu anderen Menschen, in seiner Beziehung zur Schöpfung und in seiner Beziehung zu Gott) vernetzt werden sollen und zwar in der Art und Weise, dass der Ausgangspunkt die Schüler sein sollen, die ihre Fragen entdecken und nach Antwortmöglichkeiten suchen, kann das durch die oben genannten Prinzipien der Unterrichtsplanung vorzüglich eingeholt werden. Der Ausdruck „Erfahrung" wird in der Religionspädagogik inflationär gebraucht, kann aber in Bezug auf das kreative Schreiben genau das bieten, was der Lehrplan fordert: Es geht nicht um zu vermittelnde Erfahrung, sondern es geht um subjektiv erlebte Erfahrung, die an den Einzelnen gebunden und von diesem kommuniziert werden muss. Die Lehrplankommission spricht als Ziel dieses Prozesses von einem „beziehungsstiftenden Austausch von Erfahrungen" bzw. einem „beziehungsstiftenden Lernen" (S. 132). Aufgabe des Religionslehrers ist es darin „nur", „religiöse Lernprozesse anzustoßen" (S. 131). Was der Schüler dann lernt, entscheidet er autonom, weil er sich eben nicht im Sinne des Reiz-Reaktionsschemas bestimmen lässt. Gerade diese Selbsttätigkeit, die Verbindung von Erfahrung und deren kreativer Verarbeitung und Fortführung, aber auch das Lernen mit mehreren Sinnen als ganzheitlicher Ansatz und die Möglichkeit, mit heterogenen Lerngruppen differenziert arbeiten zu können, spricht dafür, kreatives Schreiben als Arbeitsform in den Unterricht zu integrieren.

3.3 Spezifische Lernchancen

Geht es im Religionsunterricht um die Erfahrungswelt der Schüler, um die Anerkennung ihrer Weltzugänge und ihrer Weltdeutungen, um die Wertschätzung ihrer religiösen Fragen, so können wir von einem subjektorientierten Ansatz sprechen, dem das kreative Schreiben in besonderer Art und Weise Rechnung trägt. Nicht der Inhalt bildet das Zentrum der Überlegungen, wie es einem bildungstheoretischen oder biblischen Ansatz entsprechen würde, bei dem sich der Religionsunterricht aus primär dogmatischen und biblischen Einsichten ableiten würde, sondern entscheidend sind die Lebenspraxis, die Erfahrungen und die Gestaltungsfähigkeit der Schüler in Bezug auf einen theologisch relevanten Inhalt. Natürlich soll auf eine Begegnung mit theologischen Inhalten nicht verzichtet werden, diese können aber so an die kind- und jugendspezifischen Zugangsweisen angebunden werden.

Wie beim kreativen Schreiben üblich, ist hier der Lehrende Begleiter, Moderator, Anbieter, einem Geburtshelfer gleich. So geben Schüler in kreativen Schreibprozessen keine Antworten auf Fragen des Lehrers, sondern sollen neugierig werden auf ihre eigenen Möglichkeiten, sollen eigene Beobachtungen ausdrücken und eigene Fragen formulieren.

In diesem Prozess können Schüler ihre individuellen Fähigkeiten entfalten und nutzen[4] und sie setzen sich mit Werten, Wertsystemen und Orientierungsmustern auseinander, um z. B. tragfähige Antworten auf die Fragen nach dem Sinn des Lebens, des Glaubens und ihrer Beziehung zu Gott zu finden.

Selbstkritisch muss aber angemerkt werden, dass der Freiraum auch Grenzen hat. Gerade im Rahmen der Kompetenzorientierung wird mit Qualitätsstandards[5] gemessen. Deshalb haben wir in Kapitel 7 versucht, Möglichkeiten und Schwierigkeiten der Bewertung anzusprechen.

4   Vgl. Ministerium für Schule und Weiterbildung in NRW (Hg.), Richtlinien und Lehrpläne für die Sekundarstufe II – Gymnasium / Gesamtschule in NRW, Düsseldorf 1999, XIII.
5   Vgl. z. B. auch grundlegende Kompetenzen der EPA in Kerncurriculum für das Fach Evangelische Religionslehre in der gymnasialen Oberstufe. Themen und Inhalte für die Entwicklung von Kompetenzen religiöser Bildung, Hannover 2010 (EKD Texte 109), zur Gestaltungsfähigkeit S. 13, und jeweils bei den einzelnen Themen, z. B. bei Themenbereich 2 Das Evangelium von Jesus Christus, Thematischer Schwerpunkt 1: „religiös relevante Inhalte und Positionen medial und adressatenbezogen präsentieren.", S. 36, oder thematischer Schwerpunkt 3 Kreuz und Auferstehung: „typische Sprachformen der Bibel theologisch reflektiert transformieren.", S. 38 u. a.

4. Anknüpfungen an Lehrpläne – Themen – Kompetenzen

An dieser Stelle macht es unseres Erachtens wenig Sinn, mögliche Zuordnungen von kreativen Arbeitsformen auf in den Lehrplänen angegebene Themenfelder anzubieten. Dies wäre ein mehr inhaltlich ausgerichtetes Gliederungskriterium gewesen, was für die konkrete Praxis durchaus auch seine Berechtigung gehabt hätte. Unsere Gliederung folgt methodischen Prinzipien, eine Übertragung im Sinne einer thematischen Anbindung an die Lehrpläne ist aber problemlos möglich. Das Kerncurriculum für das Fach evangelische Religionslehre in der gymnasialen Oberstufe,[1] der Lehrplan evangelische Religion Sekundarstufe I[2] und II in NRW z. B., aber viele andere Lehrpläne auch, arbeiten mit Themenfeldern bzw. Themenbereichen:

– Das christliche Bild des Menschen
– Das Evangelium von Jesus Christus
– Die christliche Rede von Gott
– Das Wahrheitszeugnis der Kirche als Gemeinschaft der Glaubenden
– Die christliche Ethik der Menschenwürde, der Gerechtigkeit, der Versöhnung und des Friedens
– Die christliche Zukunftshoffnung

Vorschläge für eine thematische Zuordnung der abgedruckten Bilder und Texte finden sich ab S. 89.

---

1 Einzusehen unter: http://www.ekd.de/download/ekd_texte_109.pdf (Zugriff 24.03.2011).
2 Gott suchen, Gott erfahren; Jesus und seiner Botschaft begegnen – Christus erkennen; Wirklichkeit deuten – prophetisch reden und handeln; in der Schöpfung mit der Schöpfung leben; als Ebenbild Gottes handeln; aus Hoffnung leben; Kirche als Gemeinschaft erfahren – um Kirche streiten; Wege nach Jerusalem gehen – gegeneinander, miteinander, zueinander; – die Überschneidungen (auch zu den Lehrplänen anderer Bundesländer) sind deutlich.

Anknüpfungen an Lehrpläne

Das für die Debatte zur „religiösen Kompetenz" maßgebliche Grundlagenpapier des Comenius-Instituts strukturiert in anderer Richtung: Hier werden die *Gegenstandbereiche*

– subjektive Religion;
– Bezugsreligion des Religionsunterrichts: Christentum evangelischer Prägung;
– anderer Religionen und Weltanschauungen;
– Religion als gesellschaftliches Phänomen

ausgewiesen und durch *Dimensionen der Erschließung*

– Perzeption / Beschreiben
– Kognition / Verstehen
– Performanz / Handeln
– Interaktion / Kommunizieren
– Partizipation / Teilhaben

beispielhaft grundlegende Kompetenzen formuliert, die durch exemplarische Lebenssituationen veranschaulicht werden.[3] In vielen der nur angerissenen exemplarischen Lebenssituationen wird ebenso wie in den angebotenen Beispielaufgaben[4] die Bedeutung kreativen Schreibens offensichtlich. Da geht es um das zu entwerfende Gespräch mit einem Muslim,[5] den Trostbrief an einen Freund nach dem Tod von dessen Opa,[6] um den Rat an ein Mädchen, das auf eine Patenanfrage zu reagieren hat,[7] den Entwurf einer Erläuterungstafel zu einem Kirchenportal,[8] das Umschreiben eines Bibeltextes in eine Erzählung für den Kindergottesdienst,[9] darum, sein Gottesbild als Handstellung auszudrücken und zu erklären, sich in einem Briefwechsel über

---

3 Dietlind Fischer / Volker Elsenbast (Hg.): Grundlegende Kompetenzen religiöser Bildung. Zur Entwicklung des evangelischen Religionsunterrichts durch Bildungsstandards für den Abschluss der Sekundarstufe I, Münster 2006, tabellarische Übersicht S. 19 f.
4 Ebd., S. 24–72.
5 Ebd., S. 19.
6 Ebd., S. 28.
7 Ebd., S. 32.
8 Ebd., S. 40–43
9 Ebd., S. 47.

sein Gottesbild zu verständigen,[10] und darum, ein fiktives Interview mit dem Träger eines T-Shirts mit dem Aufdruck „100 % Jesus" durchführen.[11]

Hier liegt die Bedeutung kreativer Schreibprozesse auf der Hand.

Obwohl die Schwierigkeit der Bewertung solcher Aufgaben an vielen Stellen festgestellt und kritisiert wurde,[12] sind dennoch bei dem Anspruch, Religion lebensweltlich relevant zu unterrichten, solche kreativen Elemente aus keinem Lehrplan und hoffentlich aus keinem praktizierten Religionsunterricht wegzudenken. Im Folgenden sollen Hilfestellungen für die konkrete Praxis gegeben werden.

10 Ebd., S. 52.
11 Ebd. S. 70.
12 Volker Elsenbast/Dietlind Fischer (Hg.): Stellungnahmen und Kommentare zu „Grundlegende Kompetenzen religiöser Bildung", Münster 2007, S. 15, 33 f., 47, 65, 72 u. a.

5. Leitlinien für die konkrete Praxis

5.1 Bedeutung des Schreibanlasses und Suche nach geeigneten Verfahren

Wie schon in Kapitel 2 gesagt, bietet dieses Buch keinen in sich geschlossenen „Lehrgang", sondern Bausteine, die in unterschiedliche Unterrichtsvorhaben integriert werden können. Die konkreten Entscheidungen, was wann wie eingesetzt wird, wird also der jeweilige Lehrer treffen müssen.

Wir gehen zwar davon aus, dass alle Schreibverfahren auch ungeübte Schüler zu mindestens zufriedenstellenden Ergebnissen führen können, doch sollten unerfahrenere Schüler etwas enger geführt werden als solche, die schon in anderen Unterrichtszusammenhängen Erfahrungen mit dem kreativen Schreiben gesammelt haben. Manche sind durchaus „dankbar", wenn ihnen neben einem inhaltlichen auch ein formaler Rahmen geboten wird.

Dazu möchten wir, wenn auch „schweren Herzens", zu diesem frühen Zeitpunkt eine „Warnung" aussprechen. Wie bei allen Arbeitsverfahren geht der Spaß – wie immer man ihn gerade im schulischen Rahmen definieren will – verloren, wenn sie zu häufig eingesetzt werden. Wenn jedes Thema im kreativen Schreiben mündet, führt das zweifelsfrei zu „Verschleißerscheinungen", und das ist unseres Erachtens beim kreativen Arbeiten noch weniger verkraftbar als bei kognitiv ausgerichtetem Arbeiten. Wobei „münden" nicht wörtlich genommen werden sollte, denn das kreative Schreiben muss nicht am Ende der Arbeit an einer bestimmten Thematik stehen. Genauso gut kann damit begonnen werden. Der sehr individuelle Einstieg über das kreative Schreiben wird einen unmittelbareren und breiter angelegten Zugang schaffen als zum Beispiel der Beginn mit einem Sachtext.

Beispiel Sekundarstufe II: Denkbar ist z.B., zum Einstieg in das Thema Bioethik / Menschenbild zu unterschiedlichen vorgegebenen Situationen Kurzgeschichten schreiben zu lassen, die die Problematik hinsichtlich des Menschenbildes deutlich machen. Folgende Vorgaben sind denkbar:

1. Als David die Nummer seiner Krankenversicherung sucht, erfährt er durch diverse Unterlagen, dass es einen Klon von ihm gibt. Dieser wird in einer Anstalt „gehalten", um ihm bei Bedarf als Ersatzteillager für kranke Organe zur Verfügung zu stehen.
2. Beim Surfen entdeckst du eine Agentur, die in den USA Samenspender im Bild und Film vorstellt. Einer der Typen auf der ersten Seite sieht dir unglaublich ähnlich.
3. Du findest in dem Fotoalbum deiner Eltern ein Foto von dir aus dem Jahr 1998, das dich im Alter von 11 Jahren zeigt, obwohl du erst 2004 geboren bist.
4. Ein alter Mann hat Krebs und möchte nicht mehr leben. Er fährt in die Schweiz, weil dort aktive Sterbehilfe erlaubt ist.
5. Eine Frau braucht dringend eine Niere und lässt sich über Umwege eine aus Indien besorgen. Am Tag nach ihrer Transplantation sieht sie eine Reportage über Straßenkinder, denen ohne ihre Einwilligung Organe entnommen wurden.
6. Deine Schwester ist bei einem Autounfall getötet worden, deine Eltern wollen ein Klon von ihr austragen (lassen).

Wähle ein Thema, das dich interessiert. Schreib eine Kurzgeschichte. Perspektiven darfst du verändern, Handlungsverläufe beliebig gestalten.

Auf diese Erzählungen kann über den hohen Motivationscharakter hinaus während der gesamten Unterrichtseinheit zurückgriffen werden. Meistens recherchieren die Schüler zu ihrem gewählten Problem und stehen somit als Experten zur Verfügung. Durch die individuelle Auswahl der ethischen Probleme (Klonen, Leihmutter, aktive / passive Sterbehilfe) können je nach Interessenverteilung Schwerpunkte in der Planung der Einheit gesetzt werden. Inhaltliche Bezüge (Was geht technisch überhaupt schon, was ist noch „Science Fiction"?) können während der thematischen Vertiefung hergestellt werden. Außerdem wird aus den Erzählungen die ethische Problematik durch die narrative Verarbeitung meist besonders gut deutlich. Auf eine ebensolche Art der narrativen Verarbeitung wird z.B. in der unterrichtlichen Verwendung von Jugendbüchern[1] zurückgegriffen, dort schreiben allerdings professionelle Schriftsteller, hier Mitschüler.

Möglich ist der Einstieg in ein Thema auch durch die Vorgabe von Versanfängen, die zu ergänzen sind; etwa für das Thema Anthropologie/Menschenbild mit Erich Frieds Gedicht *Ein Hund*:

> Ein Hund …
> der …
> und der weiß …
> ist ein Mensch.
>
> Ein Hund,
> der besser sein will als andere Hunde
> und der weiß, was er tun muss,
> um andere Hunde dabei schlechter zu machen,
> ist ein Mensch
>
> *Rebekka Schwarz*

Bei Themen wie Streit/Versöhnung oder Trauer kann die Schüler-Vorstellung z.B. über sogenannte *Sinngedichte* eingeholt werden. Die Verbalisierung sinnlicher Wahrnehmung eigentlich abstrakter Begriffe bietet eine Möglichkeit, Nachdenken anzuregen und später eine Grundlage für Gespräche zu haben:

> Trauer fühlt sich an wie …
> Trauer sieht aus wie …
> Trauer klingt wie …
> Trauer riecht nach …
> Trauer schmeckt wie …

Auch für das generelle Einüben von literarischem Handwerk ist dies hilfreich, da Schüler dazu neigen, Gefühle nur zu benennen, zu behaupten, anstatt sie zu zeigen, Bilder für sie zu finden.

---

1 Vgl. Mirjam Zimmermann (Hg.), Religionsunterricht mit Jugendliteratur, Göttingen 2005.

Angeleitete Formen wie z. B. das Rondell als achtzeiliges Gedicht, bei dem sich die Satzzeilen nach vorgegebenen Mustern wiederholen (entweder: Zeile 1,4,7 sind gleich, ebenso 2 und 8; 3, 5 und 6 sind nur einfach vorhanden – oder wie im Schema unten), sind schon in der Grundschule gut zu gebrauchen:

> A Liebe ist göttlich.
> B Gott ist die Liebe.
> C Liebe tötet.
> D Liebe ist göttlich.
> C Jesus stirbt.
> B Aus Liebe?
> A Liebe ist göttlich.
> B Gott ist die Liebe.
>
> *Julia Berger*

Die Wahl des Satzes / Satzteils, der / das durch die Wiederholungen stärker gewichtet wird, regt zur Diskussion an. Hier werden Haltungen, Einstellungen und Wertungen zum Ausdruck gebracht, die in der folgenden Einheit aufgenommen, in Frage gestellt oder vertieft werden können.

5.2 Arbeitsatmosphäre

Andere Arbeitsformen verlangen auch andere Rahmenbedingungen. Diese sind allerdings deutlich auch von den räumlichen Gegebenheiten der jeweiligen Schule abhängig und lassen sich nur ungenau beschreiben. Mindestens zwei zentrale Bedingungen für erfolgreiches kreatives Schreiben im schulischen Rahmen lassen sich jedoch präzise mit Schlagworten benennen: ernst nehmen und gegenseitige Akzeptanz. Beides sollte zwar selbstverständlich sein, ist es jedoch häufig leider nicht. Das ist für viele Schüler schon im „normalen" Schulalltag ein Problem, wird es aber erst recht, wenn sie beim kreativen Arbeiten (vielleicht) deutlich mehr von sich preisgeben müssen als bei Sachdiskussionen. Atmosphärisches ist an mehreren Stellen von Bedeutung: beim Schreiben, bei der Präsentation im Klassenraum (siehe 5.4) und bei der Diskussion der fertigen Texte (siehe vor allem 5.3).

Die Schreibaufgaben können zum Teil im Unterricht bearbeitet werden. Umfangreichere sollten allerdings eher in die Hausaufgabe verlagert werden, um im Unterricht mehr Zeit für das gemeinsame Gespräch zu haben. Auch nimmt das den Schülern (zumindest zum Teil) den Druck des „Auf Befehl kreativ sein"-Sollens, das generell schwerer fällt als das Schreiben analysierender Texte. Das Überwinden dieser Schwelle ist eine Frage geeigneter Schreibverfahren (siehe 6) und wohl auch räumlicher Bedingungen. Wenn während des Unterrichts geschrieben wird, sollten „Rückzugsmöglichkeiten" geschaffen werden, da die räumliche Enge normaler Klassenräume gelegentlich als hinderlich empfunden wird. Sie verleitet doch immer wieder mal zum Gespräch mit Nachbarn, das die notwendige Konzentration dann meist für viele Schüler unterbricht.

Was das Schreiben und den Umgang mit den entstandenen Texten angeht, könnten Lehrende im Religionsunterricht von ihrem Grundansatz her in eine schwierigere Situation kommen als zum Beispiel im Deutschunterricht. Denn natürlich hat ein Text etwas mit dem Schreibenden zu tun, und natürlich ist gerade das Schreiben für / von Jugendliche/n oft ein Ventil, eine Form von Therapie. Lehrer werden sich bei der Arbeit mit Texten und ihren Verfassern im Religionsunterricht vielleicht deutlicher als in einem anderen Unterrichtsfach nicht nur auf die literarischen Fragestellungen konzentrieren können. Zu bedenken ist, dass so gut wie kein Lehrer psychologisch ausgebildet ist. Immerhin gibt es fortgebildete „Schulseelsorger". Solche Lehrer können sicherlich mit literarischen „Hilferufen" besser umgehen, wenn sie als solche wahrgenommen werden. Dem Normallehrer bleibt in solchen Fällen nichts anderes, als kompetentere Beratung(sstellen) einzubeziehen.

5.3 Beratung

Jedes Schreiben ist eine Tätigkeit des „einsamen" Individuums, doch gilt das für das literarische Schreiben ganz besonders. Deshalb erfordert kreatives Schreiben eine wesentlich intensivere und individuellere Betreuung, als Lehrer sie aus ihrem übrigen

Unterricht gewohnt sind. Natürlich gibt es „handwerkliche" Fragestellungen, die sich allgemein thematisieren lassen. Aber wo sich Fragen zu einer Textanalyse im Idealfall an einem ausgewählten Beispiel klären lassen, von dem aus die Schüler den Transfer zu ihrer eigenen Arbeit leisten, muss ich mich bei kreativen Arbeiten auf das jeweils einzelne „Produkt" einlassen. Ganz entscheidend hierbei ist, dass sich die Kinder und Jugendlichen mit ihrem Schreiben ernst genommen fühlen.

Individueller betreuen heißt selbstverständlich nicht, dass jeder Text so zu akzeptieren wäre, wie er vorliegt. Sondern es bedeutet, sich in die jeweiligen Schreibenden hineinzudenken, um sie angemessen zu beraten – zu bestätigen, (theologisch relevante) Fragen zu stellen bzw. zu beantworten, Alternativen aufzuzeigen. Pauschales Lob würde kaum jemanden, der engagiert schreibt, zufrieden stellen. Der Betreffende würde sich gerade dann ganz sicher nicht ernst genommen fühlen. Schüler wollen unabhängig von Benotung wissen, ob das Geschriebene so wirkt, wie es geplant war, was sie anders machen, wie sie weiterkommen könnten. Die Norm können natürlich weder bei Beratung noch bei Benotung Goethe oder Brecht sein. Ebenso wenig sind aber „Ehrlichkeit" oder „Spontaneität" sachgerechte Beurteilungskriterien, mit denen der Verzicht auf eine kritische Auseinandersetzung gerechtfertigt werden darf. Das wären nur „weiße Fahnen", die die Kapitulation der Lehrer vor einer ernsthaften Auseinandersetzung mit den Texten ihrer Schüler signalisieren. Ursache für das immer wieder zu beobachtende Schwanken zwischen diesen Polen ist überwiegend die fehlende eigene Schreiberfahrung.

Um ein Gespür für das zu bekommen, was von den Schülern gefordert wird, kann es hilfreich sein, Schreibaufgaben selbst auch zu bearbeiten. Und von Fall zu Fall sollten die Lehrer ihre Texte mit zur Diskussion stellen. Dass Lehrer dies ehrlich tun, ist für Schüler nach wie vor eine eher seltene, sicher aber positive Erfahrung. Über diesen „Umweg" finden sie möglicherweise auch leichter den Weg dahin, sich selbst und ihre Texte zur Diskussion zu stellen.

Was kann / soll Beratung leisten? Sie sollte sich auf Fragen der Textgestaltung konzentrieren. Inhaltliche Einflussnahme sollte im Sinne von theologischen Anfragen, Einwänden, und Hilfen zur Reflexion der literarischen Aussagen erfolgen, ohne inhaltlich in eine bestimmte Richtung zu drängen.

Bei den hier formulierten Überlegungen sollte auf keinen Fall der Eindruck entstehen, dass es um „Dichter-Ausbildung" geht, aber Schüler haben das Recht auf Hilfe bei der Suche nach der bestmöglichen Darstellungsform für das, was sie zum Ausdruck bringen wollen. Und diese Hilfe muss da gegeben werden, wo sie benötigt wird – und kann (so wünschenswert fächerübergreifendes Arbeiten auch ist) nicht (kurzfristig) auf den Deutschunterricht abgeschoben werden.

Erfolgreiche Beratung setzt zentral zwei Dinge voraus: eine Atmosphäre gegenseitiger Akzeptanz und die Bereitschaft, am eigenen Text zu arbeiten. Dieser ist oft mit sehr viel innerem Engagement, mit „Herzblut", geschrieben, und so entsteht eine sehr starke gefühlsmäßige Bindung an das Geschriebene. Den Schülern sollte deshalb als Grundsatz gesagt werden, dass alles, so wie es geschrieben ist, seine Berechtigung hat und bestehen darf. Eine Veränderung der „Bedingungen" ergibt sich aber, wenn der jeweilige Text nicht mehr ausschließlich für den Verfasser zugänglich ist, sondern Dritte als Publikum sucht. Man schreibt, außer vielleicht im Tagebuch, nicht für sich allein; auch (um ein religiöses Beispiel zu wählen) ein Gebet hat einen Adressaten und eine Form. Deshalb genügt es nicht, dass ich als Schreibender weiß, was ich sagen will – zumindest dann nicht, wenn ich möchte, dass davon bei Dritten etwas „ankommt", die meine Assoziationen und Erfahrungshintergründe, die „mich" nicht kennen. Diese Aussage richtet sich nicht gegen hermetische Texte, die Schreibenden müssen sich aber die Frage stellen und beantworten, was sie vermitteln und wie weit sie verstanden werden wollen.

Es muss allen Beteiligten immer bewusst sein, dass Änderungsvorschläge – in fast allen Fällen – wirklich nur (begründete) Vor-/Ratschläge sind – und die Redensart „Vorschläge sind auch Schläge" ist in diesem Sinn nicht berechtigt. Ob sie angenommen werden, muss „in letzter Instanz" der Autor entscheiden. Schließlich muss er mit dem eigenen Namen für den jeweiligen Text „geradestehen".

Schüler sind es überwiegend noch immer gewohnt, dass nur ihre Lehrer das von ihnen Geschriebene beurteilen. Deswegen warten sie häufig deren Äußerungen ab, anstatt selbst zu urteilen. Wenn sich die Lehrer dieser Erwartungshaltung nicht entziehen, müssen sie damit rechnen, dass das Gespräch möglicherweise mit ihrer Äußerung (beginnt und) endet. Umgekehrt sind es Lehrer überwiegend gewohnt, dass sie mit einem deutlichen Wissens- und Erfahrungsvorsprung in den Unterricht gehen. Beim kreativen Schreiben können sie das nicht ganz so voraussetzen. Das scheint gewöhnungsbedürftig zu sein und ist wohl eine weitere Ursache dafür, dass manche Lehrer sich scheuen, kreatives Schreiben in ihren Unterricht einzubinden.

Beratung sollte – nach einer Einführung – möglichst wenig vom Lehrer kommen. Es müssen Gelegenheiten geschaffen werden, in denen die Schüler sich in Kleingruppen mit ihren Texten beschäftigen können. In diesen Gesprächsrunden können die Schüler nicht nur helfen, sondern auch für das eigene Schreiben und für den Umgang miteinander lernen.

Es kann nicht genug betont werden: Die Diskussion verlangt eine Atmosphäre gegenseitiger Akzeptanz. Ist diese nicht zu erreichen, könnten Schreibhemmungen die Konsequenz sein. Grundsätzlich sollten alle Schüler ihre Texte vorlesen und zur Diskussion stellen, doch sollte niemand gezwungen werden, dies zu tun. Ebenso sollten Schüler zumindest zu Beginn der gemeinsamen Arbeit gefragt werden, ob sie bereit bzw. interessiert sind, sich der Kritik ihrer Mitschüler zu stellen. Das fällt ihnen in der Regel leichter, wenn sie ihre Texte in einer Kleingruppe vorstellen, in der sie vielleicht zunächst nur mit Mitschülern arbeiten, zu denen sie eine engere Beziehung haben. Das sollte allerdings nicht bedeuten, dass sie sich regelmäßig in ihre „Cliquen" zurückziehen dürfen. Eine wechselnde Zusammensetzung der Kleingruppen erscheint angebracht. Bei Kleingruppenarbeit ist es möglich, dass alle Schüler ihre Texte vorstellen, ohne dass der Zeitbedarf ausufert. Außerdem wird es stilleren Schülern leichter fallen, Gesprächsbeiträge zu leisten. Da Ergebnissicherung allerdings immer wieder Plenumsarbeit notwendig macht, sollten die Gruppen jeweils einen Text auswählen, der dann im Plenum vorgestellt und diskutiert wird. Da wird

Leitlinien für die konkrete Praxis

es dann – ab einem bestimmten Punkt – vor allem um inhaltliche Fragen gehen, denn das kreative Schreiben findet im Religionsunterricht ja nicht um seiner selbst willen statt, sondern um einen anderen Zugriff auf im Fach relevante Fragestellungen zu nutzen.

Zwar nützt es, wie bereits gesagt, letztlich niemandem, wenn kritische Fragen an Texte bzw. ihre Verfasser ausgeblendet werden, aber um die Kritisierten nicht von vornherein zu „verschrecken", sollte versucht werden, zunächst einen positiven Zugang zu finden. Auch sollten erste Fragen möglichst offen formuliert werden, zum Beispiel:

- Was findest du an dem Text besonders gut?
- Hast du Fragen an den Verfasser?
- Ist der Text interessant und dem Thema angemessen? Wenn ja: warum? Wenn nein: warum nicht?
- Findest du dich mit deinen Erfahrungen in dem Text wieder bzw. hast du neue Eindrücke gewonnen?

Und erst dann:
- Hast du Vorschläge für mögliche Veränderungen? Begründe!

Die Schüler sollten von vornherein daran gewöhnt werden, dass Begründungen zwingend erwartet werden. Nur so ist ein sachliches und sachgerechtes Gespräch möglich.

Vermutlich werden die Schüler zu Beginn der Unterrichtseinheit Erfahrung mit dieser anderen Form von Textarbeit sammeln müssen, so dass der Lehrer entscheiden muss, ob sich zunächst eine exemplarische Plenumsdiskussion empfiehlt.

Neben ganz individuellen Fragen gibt es einige Aspekte, die bei Textberatung immer wieder zur Sprache kommen:
- „Funktionieren" die Sprachbilder? Treten sie nicht zu gehäuft auf? Passen verschiedene Motivebenen zueinander? Sind sie bewusst gesetzt?
  Beim kreativen Schreiben im Religionsunterricht wird dies wegen des immer noch verbreiteten Religionsstunden-Ichs kaum passieren, außerhalb erlebt man es aber immer wieder, dass Kreuze verwendet werden und es dann heißt: „Mit Christentum oder Tod hat das nichts zu tun." Das geht einfach

nicht. Genauso ließe sich kaum glaubhaft sagen, dass ein abnehmender Mond über einem Kreuz nicht auf das Verhältnis von Islam und Christentum hinweist.

– Traut der Verfasser den eigenen Bildern oder versucht er, sich selbst im Text explizit zu interpretieren? Da hilft im Interesse der Textqualität gegebenenfalls nur rigoroses Kürzen.

– Stimmt die Sprache der Figuren?
Wenn alle Personen trotz unterschiedlichen Alters, unterschiedlicher Herkunft etc. sich gleich „anhören", stimmt sie nicht. Sie stimmt auch dann nicht, wenn sie wie „Papier" klingt, weil der Verfasser zum Beispiel nicht den Mut zur Verwendung von Umgangssprache hat, wo sie situationsbedingt angebracht ist. Die Frage muss also sein: „Reden die Menschen wirklich so?" Umgekehrt muss der Verfasser aber auch darauf achten, im Erzähler-Text nicht den gegenteiligen Fehler zu machen (oder gute Gründe dafür haben).

– Ist die Sprache generell angemessen, was eben auch situationsangemessen heißt?
Der größte Fehler ist in diesem Bereich kein „angeborener", sondern ein „gelernter". Viele Schüler haben offenbar in der Schule so oft etwas von abwechslungsreicher und anschaulicher Sprache gehört, dass sie dieser Lehre zum Beispiel bei der Verwendung von Adjektiven bis zur Selbstparodie folgen. Lieber etwas vorsichtiger: Dass zum Beispiel „sagen" als Verb der Redewiedergabe genügen kann, lässt sich bei Ernest Hemingway nachlesen.

– Ist das Erzählte in sich stimmig?
Das heißt nicht, ob es realistisch ist, denn unter einer solchen Maßgabe müsste die Antwort zum Beispiel für Fantasy-Literatur generell negativ ausfallen. Stimmig heißt, dass das Erzählte im Rahmen der eigenen Vorgaben plausibel, glaubhaft sein muss. Dabei lässt sich durchaus auch immer wieder die Erfahrung machen, dass versucht wird, den Einwand mangelnder Stimmigkeit mit dem Hinweis zu wiederlegen, dass das Erzählte tatsächlich so passiert sei. – Das beweist allerdings nur, dass Wirklichkeit nicht immer glaubwürdig ist.

– Für viele Schüler sind nach wie vor nur gereimte Gedichte „richtige" Gedichte. Dann sollten sie aber auch mit Reimen,

Reimformen und Metrum umgehen können. Es gibt nichts Schlimmeres als ein hilfloses „Reim dich oder ich fress' dich." Und Reime sollten bewusst verwendet werden, nicht „einfach so passieren".

- Wie wird der Text verstanden? Wird er so verstanden, wie er gemeint ist?
- Theologie dient der „gedanklichen Durchdringung, Reflexion und Überprüfung, also der denkenden Rechenschaft über den christlichen Glauben". Auch wenn man an eine Theologie von „Laien" nicht Maßstäbe einer theologischen Wissenschaftstradition anlegen darf, schon gar nicht bei kreativen Schreibprodukten, muss ein gewisses Maß an gedanklicher Durchdringung bzw. (Selbst-)Reflexion gegeben sein, zumindest muss diese auf Nachfrage zum Text geleistet werden. Wie geschieht das?
- Gleichwohl stellt sich hier auch die Frage nach der Angemessenheit, Referenz der Äußerungen: Sind die Äußerungen dem Gegenstand wie „Gott" (noch) angemessen? Welchen Erfahrungs- und Sachbezug (Referenz) hat eine Formulierung? Wird das verstanden?
- Die Frage der Relevanz führt das theologische Konstrukt zur Ebene der Partizipation und Applikation. Theologie will kontextuelle und relevante Reflexion sein, kann sich also – anders als die Philosophie – nicht bereits mit der Erfüllung handwerklicher, sprachlicher oder kognitiver Fertigkeiten zufriedengeben. Die theologische Arbeit kommt erst dann zum Ziel, wenn sie in „theologisches Engagement" übergeht, das als „persönliche Auseinandersetzung" begriffen werden kann, mit welchem Ausgang auch immer. Wo findet sich diese engagierte Auseinandersetzung?
- Auch der inhaltliche Bezug zur theologischen Sprachtradition als Rückbindung an bekannte und bewährte Denktraditionen kann in Auseinandersetzung mit dem Text hergestellt werden: Mit welchen theologisch relevanten Traditionen setzt sich der Text auseinander? Zu welcher Lösung kommt er?

Abschließend noch ein kurzer Hinweis auf Aspekte, die beim Schreiben erzählender Prosa zwar grundsätzlich wichtig sind, die bei der kreativen Arbeit im Religionsunterricht dann letztlich aber doch nur am Rande aufgegriffen werden können:

– Wie entwerfe ich Figuren?
– Wie führe ich sie ein?
– Wie fange ich eine Geschichte an, damit sie den Leser von Beginn an interessiert?
– Wie kann ein gelungener Schluss aussehen?

Aus Kostengründen wird es in der Regel nicht möglich sein, allen Beteiligten alle zu besprechenden Texte in Kopie vorzulegen. Im Interesse einer intensiven Beschäftigung ist es aber wünschenswert, dies zumindest von Fall zu Fall zu tun. Über Mail ist es heute problemlos möglich, die Texte der meisten Schüler einzusammeln und eine Übersicht zu erstellen. Wenn genügend Computerarbeitsplätze in der Schule zur Verfügung stehen, ist das eine denkbare – letztlich sogar die bessere – Alternative. Varianten können direkt gezeigt und auf ihre Tragfähigkeit hin geprüft werden. Auch die Arbeit an typischen Fehlern oder mangelhaften Texten (eventuell Sammlung aus früheren Kursen; dann aber anonymisiert) kann hilfreich sein.

Ebenso könnte, wenn die Schule über die entsprechende Infrastruktur verfügt, im Internet ein geschlossenes Forum eingerichtet werden, in das die Beiträge eingestellt werden und in dem sie kommentiert werden können (siehe Beispiele unten; sie beziehen sich auf Lk 7,11–17).

Eher aus zeitlichen Gründen wird in der Regel wohl darauf verzichtet werden müssen, die entstandenen Texte nach einer sorgfältigen Überarbeitung noch einmal im Unterricht vorzustellen und zu diskutieren. Von daher werden zu dieser Überarbeitung vermutlich nur besonders interessierte Schüler bereit sein. Die Perspektive, die Unterrichtsergebnisse auch einer größeren (Schul-)Öffentlichkeit zugänglich zu machen, könnte für alle die notwendige Motivation schaffen.

Als kurzer Exkurs soll hier auf die Frage eingegangen werden, was passieren kann, wenn Schüler jenseits des Unterrichts literarisch schreiben wollen. Die Bedürfnisse, was Schreibwerkstattarbeit und Beratung angeht, sind unterschiedlich ausgeprägt. Man-

Leitlinien für die konkrete Praxis

che sind sehr individualistisch veranlagt und von daher – falls überhaupt – mehr an Einzelberatung interessiert. Andere suchen den intensiveren Austausch mit „Gleichgesinnten". Für sie bietet sich die Einrichtung einer Schreibwerkstatt als Arbeitsgemeinschaft an. Bei entsprechender Nachfrage und vorhandenen Kapazitäten bei den Lehrern könnten altersmäßig gestaffelte Schreibwerkstatt-Gruppen eingerichtet werden. Denn die Bedürfnisse und die Notwendigkeiten sind überwiegend je nach Alter der Schreibenden unterschiedlich. Die Jüngeren brauchen vielfach noch Anregungen und Schreibaufgaben, bei den Älteren wird sich die Nachfrage eher auf die Besprechung vorhandener Texte richten. Spannend und anregend kann es für alle Beteiligten sein, in die Schreibwerkstatt einmal einen Schriftsteller einzuladen. Dieser bringt nicht nur eine andere Sicht auf die Texte der Schüler mit, sondern auch Erfahrungen aus dem Literaturbetrieb. Diese dürften bei den Schülern durchgängig zu einer beträchtlichen Ernüchterung führen, was die Perspektive auf Veröffentlichungen und kommerzielle Erfolge von Autoren angeht.

Hier zwei Beispiele, wie Kommentare zu Schülertexten aussehen könnten.

Das Wunder in Nain

„Es ist ein Wunder geschehen; ein Wunder, hier mitten unter uns", Matthäus hört seinen Schwager schon aus der Ferne rufen. Er ist in den Morgenstunden von Nazareth aufgebrochen, um der Familie seines Schwagers einen Besuch abzustatten. Dieser eilt ihm bereits weit vor dem Stadttor entgegen. „Der Herr hat Sarahs Verzweiflung erhört und uns einen Propheten gesandt", Jakob ist ganz außer Atem, als er Matthäus erreicht. „Du hast ein Wunder gesehen, das ein Prophet Gottes vollbracht haben soll?" Matthäus kann nicht glauben, was er da hört. Dennoch ist er neugierig, was sich so Besonderes ereignet hat. „Nun erzähl schon!", fordert er. „Du kennst doch die Frau des verstorbenen Töpfers und ihren Sohn Josua?" Matthäus nickt und Jakob fährt fort: „Ihr Sohn, sehr jung und ihr einziges Kind, erlag in der gestrigen Nacht seinem Fieber. Ihr Klagen konnte man in der ganzen Stadt hören. Einige haben wohl versucht, sie zu beruhigen, aber sie war untröstlich in ihrer Hoffnungslosigkeit und Trauer. Und so kam es, dass wir morgens in einem großen Trauerzug, es war bestimmt die halbe Stadt, sie und die Träger mit dem Toten begleitet haben. Und gerade als wir die Stadt verlassen hatten, trafen wir auf eine weitere Menschenmenge, an deren Spitze ein junger Mann voranging. Ich habe mich gleich über seinen aufrechten Gang gewundert. Und stell dir vor", Jakob wird bei dem Gedanken wieder ganz aufgeregt, „er fragte gar nicht, was passiert sei, sondern ging direkt auf die Trauernde zu und sagte, sie solle aufhören zu weinen. Und ohne abzuwarten, drehte er sich zur Bahre und berührte sie." Jakob bleibt stehen. Sie haben das Stadttor nun fast erreicht. Nicht weit von ihnen stehen Menschen in Gruppen zusammen und erzählen aufgeregt miteinander. Hier ungefähr wird es wohl passiert sein, überlegt Matthäus und beobachtet die Leute. Das Ereignis der Nacht scheint in aller Munde. „Was geschah dann?", drängt er. Jakob ist noch immer ganz ergriffen, als er fortfährt.

„Es war auf einmal eine unbeschreibliche Spannung in der Luft. Keiner hat auch nur einen Laut von sich gegeben. Selbst Sarah hat endlich aufgehört zu weinen und wir waren alle, ohne es zu merken, stehen geblieben. Und dann befahl er dem Toten ganz laut, dass selbst ich es in der hinteren Reihe hören konnte, aufzustehen. ‚Ich befehle dir, junger Mann: Steh auf!' hat er gesagt. Und er hat sich wirklich aufgerichtet, Matthäus! Kaum waren die Worte ausgesprochen, setzte er sich aufrecht hin. Er war vollkommen gesund und lebendig!" Matthäus schaut seinen Schwager ungläubig an. Doch Jakob fasst seinen Arm und ahmt die Geste des jungen Mannes nach, als er weitererzählt. „Er hat seiner Mutter den Arm um ihren Hals gelegt und ihr gesagt: ‚Jesus hat mich dir im Namen des Herrn zurückgegeben.' Natürlich haben wir uns zuerst gefürchtet, aber dann haben wir uns gefreut und den Herrn gepriesen, denn er hat seinen Propheten Jesus geschickt." Matthäus wird nachdenklich. Er sieht in die freudig strahlenden Augen seines Schwagers. So euphorisch hat er ihn schon lange nicht mehr gesehen. Auch die anderen Menschen um sie herum, als sie nun in die Stadt kommen, scheinen glücklich. „Lass uns zu dem Haus von Josua und Sarah gehen. Wir wollen an diesem Tag dieses Wunder feiern", ruft Jakob und eilt weiter. Matthäus ist sich jetzt sicher, es kann nur so gewesen sein, wie sein Schwager es sagt. Er ist gespannt auf Josua und Sarah und was sie erzählen werden. Und er ist sich sicher, dieses Ereignis wird auch viele in seiner Heimatstadt tief berühren, wenn er ihnen davon berichten wird.

Katharina Seeger

Kommentare:

A: Mir gefällt es sehr gut, dass du die Geschichte im Prinzip aus Vers 17 entspringen lässt und einen möglichen Weg beschreibst, wie die Kunde von diesem Wunder Jesu sich verbreitet hat. Die erste Station: Jakob,

Leitlinien für die konkrete Praxis

jemand aus dem Ort, der Zeuge des Wunders war, erzählt es einem nicht Ortsansässigen. Matthäus wird die Geschichte dann auch aus erster Hand erfahren, wenn er und sein Schwager Josua und Sarah, Mutter und Sohn, besuchen gehen. Dann geht Matthäus nach Hause und erzählt es jedem, der es auf seinem Weg oder in seinem Heimatdorf hören will, und so geht es weiter. Du verwendest viel wörtliche Rede, was die Geschichte sehr lebhaft werden lässt. Außerdem beschreibst du sehr schön die Begeisterung Jakobs und auch die Hoffnung, die Jesus in den Menschen entfacht, und seine Wirkung auf diese.

B: Ich finde, dass du sehr spannend erzählt hast! Gleich am Anfang wird man neugierig, was da für ein Wunder geschehen sein soll! Außerdem denke ich, dass es eine tolle Idee ist, die Personen mit Namen zu nennen. Das holt den Hörer/Leser direkt in das Geschehen hinein!

Erzählung

„Wir wollten doch nur spielen, da er doch immer so viel arbeiten muss, seit sein Vater tot ist. Wir wollten doch nicht, dass so etwas passiert. Wir wollten doch nur spielen." Samuel läuft traurig hinter der Bahre her. Er kann immer noch nicht verstehen, wie das passieren konnte.

„Er ist einfach nicht mehr aufgestanden. Ich wollte ihm doch nicht wehtun, es war doch nur ein Spiel!" Und doch, er war nicht mehr aufgestanden. Dabei spielten sie doch so oft zusammen mit ihren Schleudern und jagten einander durch die Stadt, und nie ist einem von ihnen etwas passiert. Aber einmal ist immer das erste Mal. Nun steht Simon nicht mehr auf. Samuel ist immer noch ganz benommen von den Ereignissen in den letzten Tagen. Er macht sich Vorwürfe. Wie oft hatte seine Mutter ihm schließlich gesagt, sie sollen vorsichtig sein und nicht so wild herumrennen. Außerdem sollte Simon ja auch Wasser holen und nicht spielen. „Und ich hab ihr dann auch noch dazu überredet." Samuel gab sich die Schuld an Simons Tod. Schließlich hatte er ihn dazu verleitet, seine Arbeit im Stich zu lassen, und er hatte ihn mit dem Stein am Kopf getroffen. Aber sie hatten doch so oft schon Krieg gespielt und sich mit Steinen beworfen, und nie ist etwas passiert. Warum jetzt? Warum er? Samuel wirft einen Blick auf Deborah, Simons Mutter. „Sie hat es doch auch schon so schwer genug, jetzt mach ich ihr das Leben noch schwerer!" O ja, Deborah hatte es schwer: Seit ihr Mann gestorben ist, war Simon die einzige Person, die sie noch hatte. Doch nun hat sie niemanden mehr, ihre einzige Stütze in ihrem Leben wird nun auf der Bahre aus der Stadt getragen, tot und bald unter der Erde. Nun ist sie alleine. Wie soll sie so nur weiterleben? Wer soll sich um sie kümmern? Samuel lässt den Blick wieder sinken, er schafft es nicht, sie lange anzuschauen in ihrer tiefen Trauer. Doch er kann sie auch nicht einfach ausblenden und alles vergessen, dazu jammert und heult sie zu laut. Und er weiß, dass er schuld daran hat, auch wenn sie ihn getröstet hatte, dass es ein Unfall gewesen sei. Er, Samuel, hatte seinen besten Freund Simon getötet. Ihm treten die Tränen in die Augen und er stolpert halb blind weiter hinter der Bahre mit seinem toten Freund her.

Tief in Gedanken versunken bemerkt er zuerst nicht, dass die Menschen vor ihm stehen bleiben, und er läuft prompt in seinen Vordermann hinein. „Pass doch auf, du kleiner Tölpel!", giftet der Mann ihn an. „'tschuldigung", murmelt Samuel. Er sieht sich um: Was ist denn los? Ein Mann geht auf die Bahre zu. „Wer ist denn das?", fragt sich Samuel.

Und er sieht mit Erstaunen die große Menge, die ihm folgt.

„Es ist wohl jemand Wichtiges, der sich nun beschweren will, dass wir ihm den Weg versperren. Aber, was macht er denn da?" Samuel beobachtet verwundert, dass der Mann Deborah in den Arm nimmt, sie tröstet und schließlich Simon berührt, den toten Simon, dabei darf man doch keine Toten anfassen! Samuel ist fassungslos. Doch was dann passiert, verwundert ihn noch mehr: Der fremde Mann sagt zu Simon, er solle aufstehen. Sieht er denn nicht, dass er tot ist? Will er Deborah noch mehr verletzen? Warum macht er sich nur so lustig über den Toten, über ihre Trauer! … „O mein Gott, das kann doch nicht wahr sein! Er ist doch tot, ich haben ihn getötet. Simon! Simon!!" Samuel sieht mit an, wie sein toter Freund sich von der Bahre erhebt.

„Mutter, o Mutter!", ruft er und fällt ihr in die Arme. Deborah ist total aufgelöst. Ein Wunder!! Die Menge um ihn herum scheint sich zu fürchten. Es passiert schließlich auch nicht jeden Tag, dass ein Toter zum Leben erweckt wird. Doch Samuel verspürt nur Freude: Freude darüber, dass sein Freund lebt und auch Freude darüber, dass er ihn also nicht getötet hatte. Er ist ja schließlich am Leben! Warum sollte er sich fürchten? Er fühlt eine tiefe Dankbarkeit dem Fremden gegenüber. „Jesus", haben ihn seine Anhänger genannt. Er wird diesen Mann niemals vergessen.

Wencke Wiest

Kommentare:

A: „Wir wollten doch nur spielen, da er doch immer so viel arbeiten muss, seit sein Vater tot ist. Wir wollten doch nicht, dass so etwas passiert. Wir wollten doch nur spielen." Ich finde den Erzähleinstieg super. Man fragt sich direkt: „Was ist passiert?", und kann auch im weiteren Verlauf der Geschichte die Not des Jungen nachvollziehen. Man erlebt die Geschichte aus kindlicher Perspektive und mit dem letzten Satz, „Er

Leitlinien für die konkrete Praxis

wird diesen Mann niemals vergessen.", ist sie perfekt abgerundet und Jesus hat einen „kleinen Jünger" gewonnen.

B: Ich finde den Rahmen, in den du die Erzählung eingebettet hast, sehr gut gewählt. Die Erzählung wird dadurch für Kinder zugänglich. Allerdings finde ich es etwas schwierig, den Tod des Jungen seinem Spielkameraden zuzuschreiben, dadurch tritt eine zusätzliche Problemhandlung auf, die nicht wirklich zu einer Lösung kommt. Der Fokus rückt so von der eigentlichen Handlung ab. Ich könnte mir vorstellen, dass Kinder sich auch über die „Schuld" Samuels Gedanken machen, obwohl es darum im Prinzip grad nicht geht.

C: Ich denke, B hat nicht unrecht. Und ich frage mich, ob bei dir nicht die theologische Relevanz der Geschichte trotz allem etwas zu sehr an den Rand gerät bzw. sich zumindest verlagert (Schuld, Reue).

5.4 Präsentationsrahmen und Präsentationsmöglichkeiten im Klassenzimmer

Diejenigen, die die entstandenen Texte als Erste kennenlernen, sind in den meisten Fällen die Mitschüler und Lehrer. Und deren Reaktionen haben erfahrungsgemäß einen wesentlichen Einfluss auf das eigene Verhältnis zu dem, was entstanden ist. Denn die „(unverstandenen) Genies", die von sich sagen, es sei für sie bedeutungslos, wie ihre „Werke" von Dritten aufgenommen werden, sind wohl eher die Ausnahme. Deshalb ist nicht nur die Atmosphäre in der Gruppe wichtig, sondern auch die Antwort auf die Frage, wie die Arbeitsergebnisse präsentiert werden.

Die intensivste Auseinandersetzung mit Literatur ist dann möglich, wenn sie gelesen wird: Dann kann ich mein eigenes Tempo wählen, kann im Text zurückspringen, kann nur dann (was gerade für Gedichte ganz wichtig ist) die Struktur eines Textes wahrnehmen und berücksichtigen. Deshalb ist es im Grunde wünschenswert, allen Schülern die Texte für die Diskussion in vervielfältigter Form zur Verfügung zu stellen. Für diese bietet sich zunächst Kleingruppenarbeit an (siehe 5.3), während der noch an den Texten gearbeitet werden sollte. Diese Rückbindung muss in jedem Fall erfolgen.

Die Schüler können / sollten in der Klasse aber auch den Lesevortrag trainieren. Denn es geht beim Vorlesen ja nicht darum, einen Text „irgendwie abzuliefern", sondern ihn durch Betonung, wechselndes Tempo und wechselnde Lautstärke zu gestalten. Dabei wagen es die Wenigsten, an Stellen, die dies notwendig / sinnvoll erscheinen lassen, auch einmal laut zu werden. Sie schreiben dann zwar zum Beispiel „Er schrie: ‚[…]'", aber das Publikum hört niemanden schreien.

Um das Geschriebene für die Klasse länger präsent zu haben, können zumindest Gedichte als Poster an die Wände des Klassenzimmers gehängt werden. Denkbar ist auch, über das Jahr oder die zwei Jahre des Unterrichts ein Buch zu erstellen, in dem mindestens ein Text von jedem Schüler zu unterschiedlichen kreativen Themen eines Jahres vereint werden.

In manchen Schulen gibt es pro Halbjahr Podien, auf denen exemplarisch gute kreative Produkte unterschiedlicher Fächer aus den Klassenzimmern vor Jahrgängen bzw. Stufen vorgestellt werden. Bei der Vorbereitung erlebt man dann, wie sich die Motivation, Texte zu überarbeiten und gut vorzustellen, durch den erweiterten Präsentationrahmen unglaublich erhöht.

5.5 Präsentations- / Publikationsmöglichkeiten im (außer-)schulischen Rahmen

Was geschieht mit Unterrichtsergebnissen? Der Regelfall ist, dass sie den Klassenraum nicht „verlassen": Sie werden – exemplarisch – im Unterricht besprochen, benotet und verschwinden dann auf Nimmerwiedersehen (oft im Papierkorb). Das ist in vielen Fällen sicher nicht weiter bedauerlich, bei den Ergebnissen kreativen Arbeitens wäre es das aber schon; und zwar nicht nur, weil es für Schüler eine zusätzliche Motivation ist, wenn ihre Texte auch außerhalb des Unterrichts Interesse finden. Positive Resonanz ist gut für das eigene Selbstbewusstsein und wirkt sich sicher auch positiv auf die Leistungsbereitschaft aus. Deshalb muss versucht werden, den Schülern Foren / Öffentlichkeit zu schaffen.

Die Lehrpläne für das Fach Religion weisen hier Wege, wenn sie zum Beispiel – unter dem Stichwort „Schule als Lebens- und Erfahrungsraum" – das (Mit-)Gestalten von Gottesdiensten oder

Andachten ansprechen. Auf eine solche Veranstaltung lässt sich gezielt, mit entsprechendem Themenschwerpunkt im Unterricht, zuarbeiten. Das verlangt in der Konsequenz nicht nur eine inhaltliche Auseinandersetzung mit dem Anlass, sondern auch mit der Liturgie. Nur dann können sachgerechte Entscheidungen getroffen werden, an welchen Stellen des Gottesdienstes die eigenen Texte eingefügt bzw. welche Elemente durch sie ersetzt werden können; vorstellbar ist u. a. die Predigt.

Hierzu als Beispiel eine Erzählpredigt über Lukas 21,25–35, die ein Grundkurs gemeinsam verfasst hat:

Liebe Gemeinde,

Ein Abend im Advent. Tee und Gebäck stehen auf dem Tisch – eine Kerze und etwas Tannengrün.

Einige Interessierte sind zusammengekommen, um miteinander zu reden. Aber lassen Sie mich von vorn beginnen.

Es war wie immer. Adventszeit in der Kleinstadt – der Weihnachtsmarkt hatte seine Hütten um die alte Stadtkirche herum aufgebaut, Menschen gingen geschäftig ihrer Wege – und doch war es dieses Jahr anders.

Ein Mensch hatte die ganze Stadt in Unruhe versetzt, die Presse berichtete täglich – von seinen Reden auf dem Marktplatz – mitten im Weihnachtsmarktgewühl.

Jeden Tag, 17.00 Uhr. erhebt er seine Stimme – und jeden Tag werden es mehr Menschen, die kommen, um ihn zu hören. Jeden Tag berichtet er von den Zeichen der Zeit – den Zeichen, die den drohenden Weltuntergang ankündigen – und untermalt sie mit Ereignissen aus der Tagespresse. Heute war es ein Mord im nahegelegenen Wäldchen der Stadt, gestern das Klonen von Menschen. Immer aktuell – und dabei zitiert er die Bibel – mit drohenden Worten:

„Und es werden Zeichen geschehen … und die Menschen werden vergehen vor Furcht – und dann wird ER kommen: das Ende der Welt steht nahe bevor!"

Zunächst hatte man darüber gelächelt – aber mit der Zeit entstand Unruhe und eine Weltuntergangsfaszination in der Stadt.

Von offizieller Seite war eine Stellungnahme überfällig. Und so waren sie zusammengekommen, auf Einladung des Pfarrers an der Stadtkirche, an einem Abend im Advent.

Tee und Gebäck stehen auf dem Tisch – eine Kerze und etwas Tannengrün.

Sie sitzen beieinander, der Pfarrer, der Bürgermeister, die Vorsitzende des Kirchgemeinderates, auch ein Schülersprecher des städtischen Gymnasiums war gekommen – neben vielen anderen Interessierten.

Der Pfarrer eröffnete die Runde:

„Ich begrüße Sie sehr herzlich zu unserem außergewöhnlichen Treffen. Ich freue mich, dass Sie alle gekommen sind – damit wir miteinander ins Gespräch kommen – ins Gespräch darüber, was zur Zeit unsere Stadt in Atmen hält: ein Weltuntergangsprediger.

Wir müssen Stellung beziehen – Sie von der Stadt, in der Schule, auf der Arbeit und wir in den Kirchen.

Die letzten Abende war ich selbst zugegen auf dem Marktplatz und hörte ihn immer wieder aus dem Lukasevangelium diese Stellen zitieren. Und so scheint es mir passend, als Ausgang für unser Gespräch zunächst einmal diesen Bibeltext zu nehmen, vollständig natürlich, nicht nur in Bruchstücken.

Es ist ausgerechnet auch noch Predigttext für den kommenden Sonntag.

Hören Sie selbst."

Der Pfarrer greift zur Bibel, schlägt sie auf und beginnt zu lesen:

„Und es werden Zeichen geschehen an Sonne und Mond und Sternen, und auf Erden wird den Völkern bange sein, und sie werden verzagen vor dem Brausen und Wogen des Meeres, und die Menschen werden vergehen vor Furcht und in Erwartung der Dinge, die kommen sollen über die ganze Erde; denn die Kräfte der Himmel werden ins Wanken kommen. Und alsdann werden sie sehen den Menschensohn kommen in einer Wolke mit großer Kraft und Herrlichkeit. Wenn aber dieses anfängt zu geschehen, dann seht auf und erhebt eure Häupter, weil sich eure Erlösung naht. Und er sagte ihnen ein Gleichnis: Seht den Feigenbaum und alle Bäume an: Wenn sie jetzt ausschlagen und ihr seht es, so wisst ihr selber, dass jetzt der Sommer nahe ist. So auch ihr: Wenn ihr seht, dass dies alles geschieht, so wisst, dass das Reich Gottes nahe ist. Wahrlich, ich sage euch: Dieses Geschlecht wird nicht vergehen, bis es alles geschieht. Himmel und Erde werden vergehen; aber meine Worte vergehen nicht."

Zunächst einmal herrscht Schweigen in der Runde – alle hängen ihren Gedanken nach – schließlich ergreift der Bürgermeister das Wort:

„Ja, das erschlägt einen zunächst – und gedanklich bin ich natürlich sofort wieder auf dem Marktplatz. Eigentlich habe ich mir über den Weltuntergang und die Wiederkunft Christi noch nie Gedanken gemacht. Was spielt das heutzutage überhaupt für eine Rolle – wenn wir das Problem mit diesem Wahnsinnigen nicht hätten.

Solche Probleme sind doch eher etwas für die Fachleute – wie Sie, Herr Pfarrer."

„Naja, so einfach können Sie sich das aber nicht machen, Herr Bürgermeister."

Die Vorsitzende des Kirchgemeinderates war unruhig geworden und unterbricht den Bürgermeister harsch:

„Sie sehen ja, wie schnell sich in der Stadt und der Presse dieses Thema breit macht – das zeigt: Es beschäftigt die Menschen. Sie machen sich Gedanken über das Leben – über Mord und Ethik, über Politik. Und sie fühlen es, und ich fühle es genauso – irgendetwas stimmt mit unserer Welt nicht mehr.

Aber vielleicht könnten Sie, Herr Pfarrer, uns ein paar Worte zu dem Text sagen – uns erklären, wie man ihn verstehen muss."

Der Pfarrer blickt fragend in die Runde – die anderen nicken.

„Wenn es Sie interessiert, …

Also, das Lukasevangelium ist ungefähr entstanden, als Jesus schon knapp 60 Jahre tot war – 90 n. Chr. Viele der ersten Christen hatten geglaubt, dass Jesus noch zu ihren Lebzeiten wiederkäme. Aber fast alle, die ihn noch persönlich erlebt hatten, waren inzwischen gestorben – und bisher war er nicht erschienen. Krieg und die Zerstörung des Tempels in Jerusalem hatten die Menschen sehr beunruhigt, schienen zunächst ein nahes Zeichen des Weltendes und der Wiederkunft Christi zu sein. Der Schreiber des Lukasevangeliums versucht daher, den Menschen nahezubringen, dass Jesus wiederkomme – aber zu einem Zeitpunkt, der ungewiss sei. Daher mahnt er, geduldig zu sein – und gleichzeitig auch wachsam.

Geduldig und wachsam: Das ist m. E. doch etwas, was auch in unsere heutige Zeit passt – geduldig, bei allem, was auch Schlechtes in der Welt geschieht – und eben auch wachsam, bereit, für Jesu Botschaft in allen Lebenslagen."

Schweigen – keiner wagt zunächst, die Stille zu durchbrechen. Dann meldet sich wieder der Bürgermeister zu Wort:

„Sie haben da einen wunden Punkt getroffen, Herr Pfarrer, – geduldig sein und wachsam – bei all dem, was in der Welt und was in unserer

Stadt passiert. Das ist manchmal gar nicht so leicht – oft weiß ich nicht, wo mir der Kopf steht, was alles zuerst entschieden oder angegangen werden müsste – und dennoch: Ich muss Ihnen auch widersprechen. Sie weichen dem Problem aus – also, nicht dass ich eine Lösung hätte ...

Aber wissen Sie, ist ja alles schön und gut – dass die Leute damals geglaubt haben, Jesus käme bald wieder – und dass seinem Kommen schreckliche Dinge vorausgehen, so dass man dann richtig froh sein könnte, dass diese Welt hier ein Ende hat. Aber: das Weltende – dass es soweit ist, daran haben ja schon viele Menschen gedacht – nicht nur die ersten Christen ... gekommen ist er bisher aber noch nie.

Die eigentliche Frage ist doch: Hat dieser Wahnsinnige auf dem Markt recht – und wir erkennen vor lauter „Geduldig-Sein" die Zeichen der Zeit nicht? Oder anders gefragt, was glauben wir?"

„Das würde mich interessieren, was Sie glauben; Herr Bürgermeister, persönlich – in Bezug auf die Welt und Gott", *unterbricht plötzlich der Schülervertreter die Rede des Bürgermeisters.*

Der Bürgermeister stockt ein wenig – auch die anderen schauen überrascht den jungen Mann an. Dann lächelt der Bürgermeister.

„Sie haben recht – eigentlich ist das die Frage, was wir glauben – was wir wirklich glauben, wenn wir uns mit diesem Marktprediger auseinandersetzen. In dieser Runde kann ich ja ehrlich sein. Früher dachte ich immer, wir Menschen könnten die Welt retten – deswegen bin ich in die Politik gegangen, um etwas zu verändern. Aber die Zeiten haben sich geändert – manchmal sind wir hier im Rathaus ziemlich ratlos: Alles ist miteinander verwoben, wenn man an der einen Stellen versucht etwas zu flicken, dann bröckelt es schon an drei anderen.

Es mag jetzt in Ihren Ohren destruktiv klingen, aber ich glaube, unsere Welt wird eines Tages untergehen, weil über uns alles zusammenbricht – und jede und jeder tut gut dran, sich noch einen trockenen Platz zum Unterkriechen zu suchen. Dass das das Ende der Welt ist – jetzt bald – so wie es der Prediger auf dem Markt schreit, das glaube ich nicht – nicht so. Ich glaube vielmehr, dass es das Ende des irdischen Lebens ist – für jeden persönlich – und danach ein Leben nach dem Tod kommt.

Die Kirchenälteste musste sich beherrschen, den Bürgermeister nicht zu unterbrechen.

„Also, ich sehe das anders – anders als Sie. So schlimm, wie es um unsere Welt steht, so stand es doch noch nie um die Welt. Wir können sie mehrfach in die Luft sprengen, wir lassen uns mit Bildern aus der ganzen Welt berieseln, wo die Menschen vor Angst geweitete Augen haben. Umweltkatastrophen suchen uns auch schon hier in Deutschland heim – denken Sie nur al e an den Sommer: sintflutartiger Regen – und so steht es da in der Bibel: Die Völker werden verzagen vor dem Brausen des Meeres – wir sind der Natur nicht mehr Herr, alles gleitet uns aus den Händen. Und ich muss Ihnen sagen – bei all dem Schrecklichen hier auf Erden, da wünsche ich manchmal von Herzen, dass alles vorbei wäre.

Und ehrlich gesagt, auch wenn ich die Art nicht mag, wie dieser Mensch da auf dem Markt spricht – so reißerisch – ja, auch wenn ich seine Art nicht mag, so denke ich doch, er hat recht. Und dieser Text aus dem Lukasevangelium passt in die Adventszeit: sich vorbereiten auf Gott, der ins Chaos kommt – nach 2000 Jahren kommt er wieder. Es geht nicht mehr lange – und viele werden sich wundern, dann, wenn er kommt. Und so lange halte ich aus – in Geduld, wie der Pfarrer sagt, denn ich weiß, es kommt etwas danach: die Erlösung."

„Sich vorbereiten auf Gott, der ins Chaos kommt – das kann heute Advent bedeuten – das gefällt mir...", *so setzte der Pfarrer gerade an. Da platzte es aus dem Schü'er heraus:*

„Mir gefällt das gar nicht, was Sie da sagen – was Sie alle sagen. Was ist denn das für eine Lebenseinstellung – ja, was ist das für eine Vorstellung, dass erst alles untergehen muss – und dann kommt er, Jesus, auf einer Wolke ins Chaos herabgeschwebt? Wie können Sie alle so leben – so ohne Hoffnung für diese Welt? Für uns junge Menschen? Warum sollte ich denn da überhaupt noch etwas tun – warum etwas lernen? Mir gefällt das nicht, was Sie sagen."

Es herrschte eine Augenblick Stille – dann sprach er weiter:

„Ich denke, es ist anders – es ist ganz anders, denn es geht nicht um den Untergang, sondern um Lebensmut – trotz Untergangsstimmung.

Steht da nicht, gerade dann, wenn es chaotisch zugeht auf der Welt, wenn alle Angst haben, dann ,seht auf und erhebt eure Häupter, weil sich eure Erlösung naht'.

Meines Erachtens ist das die Lösung: Es geht nicht um den Weltuntergang – sicher: Angst und Schrecken, das wird es immer geben – wir werden das immer wieder erleben. Gründe dafür haben Sie alle ja genug geliefert. Aber wenn es dann trotzdem Menschen gäbe, die diesem Untergang entgegentreten, erhobenen Hauptes, Menschen, die leben wollen und die daran glauben, dass es sich lohnt...

Wenn man Sie hört, dann sprechen Sie von Aushalten und Geduld haben – oder davon sich einen Platz zum Unterkriechen zu suchen. Sie ducken sich – Sie erheben nicht das Haupt.

Hier wird doch deutlich gesagt, du kannst nach vorn sehen nach oben und erhobenen Hauptes dem Grauen in die Augen blicken, denn es gibt einen, Gott, der die Welt nicht aufgegeben hat. Er ist ihr sogar als Mensch erhobenen Hauptes entgegengetreten.

Der Feigenbaum schlägt aus – als Zeichen für den Sommer – aber das tut er ja nicht nur einmal, sondern immer wieder.

Und so ist es doch auch mit den Schrecken unseres Lebens: Es gab sie, und es wird sie immer wieder geben.

Doch dann, wenn wir sie erkennen, dann wissen wir, so kann es nicht mehr weitergehen – und dann können wir unsere Häupter erheben – und ihnen entgegentreten.

Ich finde, dieser Text macht Mut und Hoffnung.

Wenn andere sich ducken – vor Angst und Schrecken, dann können wir erhobenen Hauptes stehen bleiben, weil wir wissen: Gott hat das schon getan. Er ist dem Dunkel der Welt entgegengetreten – als Mensch, als Jesus von Nazareth – und hat das Chaos besiegt.

Ich möchte leben – und ich weiß, dass es sich lohnt – gerade wenn ich wachsam bin, dem Dunkel entgegenzutreten.

Gott hat es schon getan – dadurch haben wir die Chance, dass das Chaos nicht siegt. ,Seht auf und erhebt eure Häupter – weil eure Erlösung naht!' Das werde ich tun!"

Lange sagte niemand etwas – dann sprach der Pfarrer plötzlich leise, aber bestimmt:

Amen!

© *Angela Heidler, Villingen-Schwenningen 2002;*
Religionskurs der Jahrgangsstufe 12, Gymnasium am Hoptbühl,
Villingen-Schwenningen (Schuljahr 2002/2003)

Von Bedeutung ist für die Gottesdienstgestaltung, wie bei jeder anderen Präsentation, nicht nur die Frage nach dem Ob, Was und Wann, sondern auch die nach dem Wie. Liturgie ist – auch wenn das sehr weltlich klingt – letztlich die Inszenierung der Begegnung mit Gott. Und da kann es nicht genügen, Text „irgendwie" abzuliefern; er muss gestaltet werden. Das heißt, dass es entsprechender Vorbereitung bedarf – eventuell nicht nur in Kooperation mit Musikern, sondern auch mit theatererfahrenen Personen. Falls dies organisierbar und finanzierbar ist, kann für Schüler eine Werkstatt „Stimmbildung/Rezitation" mit einem Schauspieler eine interessante und hilfreiche Erfahrung sein.

Dort könnten sie nicht nur für den konkreten Anlass lernen, wie Texte situations- und adressatengerecht, unterstützt durch Betonung, Lautstärke, Tempo, Mimik, Gestik präsentiert werden, sie können davon auch für andere Gelegenheiten profitieren – und sei es erst einmal nur für das nächste Referat in einem anderen Unterrichtsfach. (Ein Hinweis aus der Praxis, falls externe Unterstützung nicht zu organisieren ist: „Tempo" wird in den meisten Fällen heißen müssen, Tempo aus dem Vortrag rauszunehmen. Schüler neigen oft zu dem Versuch, durch hohes Sprech-/Lesetempo aus der Vortragssituation zu „flüchten". Und auf diesem „Fluchtweg" verzichten sie besonders gern auf unerlässliche Sprechpausen – vor allem zwischen zwei Texten –, so dass für das Publikum evtl. schwer erkennbar wird, dass es überhaupt zwei sind. Pausen, auch in Texten selbst, sollten deshalb eingezeichnet, terminiert [mindestens fünf Sekunden zwischen zwei Texten] und eingeübt werden.)

Neben Gottesdienst oder Andacht sind „normale" (schul-) öffentliche Lesungen denkbar, für die sich oft auch schulfremde Partner als Veranstalter finden lassen. Die können vielleicht auch attraktivere Veranstaltungsräume bieten, als es zum Beispiel die für Lesungen mit Sicherheit völlig überdimensionierte Schulaula wäre. Lesungen können neben den „traditionellen" Konzerten der Schulchöre und -orchester und Schultheateraufführungen einen Beitrag zum Schulleben bzw. zum kulturellen Leben der Gemeinde oder des Stadtteils leisten und schaffen die Möglichkeit, Schule jenseits ihres „Tagesgeschäfts" in der Öffentlichkeit darstellen. Die eigenen Texte bei einer Lesung selbst vorzutragen, ist eine wichtige Erfahrung. Anders als bei gedruckten Veröffentlichungen erleben die Schüler direkt Publikumsreaktionen. Deswegen spricht auch einiges dafür, im Anschluss an die Lesung eine Diskussion anzubieten oder einen Rahmen zu schaffen (Getränke, Imbiss), in dem in der Pause oder am Ende informelle Gespräche möglich sind.

Überlegt werden sollten auch Veröffentlichungen in gedruckter Form als Zeitung oder Broschüre sowie digital / multimedial auf CD/DVD oder im Internet. Das gibt Interessenten die Möglichkeit, sich vertiefend mit Texten auseinanderzusetzen, und kann die Basis für den Austausch erweitern. Bei Publikationen im Internet sollten allerdings die Probleme des eingeschränkten tatsächlichen Urheberschutzes (nicht des Urheberrechts) bedacht werden, auch wenn dies für Schüler anders als für hauptberuflich tätige Schriftsteller keine wirtschaftliche Frage ist. Umgekehrt ist allerdings zu beachten, dass auf keinen Fall urheberrechtlich geschützte Werke Dritter verwendet werden dürfen. Das könnte erhebliche juristische Unannehmlichkeiten nach sich ziehen.

Bei den heutigen technischen Möglichkeiten der Schüler und der Schulen ist es im Grunde nicht mehr besonders schwierig, eine eigene Zeitung zu gestalten. Für die Vervielfältigung kann der Schulkopierer genügen. Die Schüler können bei der Gestaltung sowie bei Öffentlichkeitsarbeit / Werbung und Verkauf zusätzliche Erfahrungen machen. Ob Lehrer dabei zulassen (sollten), dass es zu „Arbeitsteilung" kommt nach dem Motto: „Ihr schreibt, und ich mache die Zeitung", wird im Einzelfall zu entscheiden sein. Bei der Entwicklung von Multimediapräsentationen stellt sich die Frage nach weitergehender Gestaltung (Bilder, Musik) und danach, ob das andere Medium auch andere Texte „verlangt" – zumindest was Textlänge angeht, wird die Antwort „Ja" lauten müssen. Hierzu könnten Beispiele aus dem Internet untersucht werden. (Neben Internet-Ausgaben von Printmedien gibt es rein virtuelle Literaturprojekte.) Grenzen sind der Phantasie (Gedichtpostkarten z. B. zu Themen wie Weihnachten / Was ist der Mensch? / Plakate …) wahrscheinlich am ehesten durch Zeit- und Kostenaufwand gesetzt.

Interessant wäre auch, die Religionsseiten der Schulhomepage mit solchen Texte aus verschiedenen Jahrgängen zu bereichern. Leider ist Religion das häufigste Fach, das auf der Schulhomepage gar keine Seite hat oder deren Seite als „im Aufbau" in Vergessenheit geraten zu sein scheint. Die Breitenwirkung solcher Internetpräsenz auch für den Stellenwert von Religionsunterricht sollte nicht unterschätzt werden.

6. Verfahren kennenlernen – mit Beispielen aus der Praxis

Kreatives Schreiben im Religionsunterricht kann an vielen Stellen ansetzen. Ausgangspunkt wird logischerweise in der Regel eine inhaltliche Fragestellung sein, doch werden wir auch „handwerkliche" / formale Zugriffe vorstellen. Dabei wäre vielleicht eine klare Trennung innerhalb der Unterkapitel wünschenswert, doch ist sie aus unserer Sicht nicht konsequent durchzuhalten. Das gilt auch insgesamt, denn selbstverständlich bedeuten „Kreative Auseinandersetzung mit biblischen Texten" (6.1) und „Kreative Auseinandersetzung mit literarischen Texten / Bildern zu religiösen Themen" (6.3 und 6.4) automatisch „Kreative Auseinandersetzung mit (religiösen) Grundfragen" (6.2).

Häufig findet man in der Literatur Sammlungen von Methoden, die nicht weiter fachspezifisch zugespitzt sind,[1] hier wollen wir versuchen, dezidiert auszuwählen und damit auch Ausgangsmaterial für den konkreten Religionsunterricht zu bieten.

Zweifelsfrei lässt sich nicht jedes Thema und nicht jedes Schreibverfahren in gleichem Maße Erfolg versprechend in jeder Altersstufe einsetzen, vieles ist dabei von den (Schreib-) Erfahrungen der Schüler und der konkreten Unterrichtssituation abhängig. Deshalb haben wir uns dafür entschieden, auf „Altersempfehlungen" zu verzichten.

Auswahlkriterien für die Methodenwahl könnten wie folgt dargestellt werden:
– Der Zugang sollte die Schreibmotivation erhöhen und die Freude am Schreiben stärken. Wenn möglich sollte „der Angst vor dem leeren Blatt" entgegengearbeitet werden.

---

1 Z.B. das Standardwerk der Sammlung von Schreibspielen: Bettina Mosler / Gerd Herholz, Die Musenkussmischmaschine, Essen 1991. Hier werden über 120 der in der Schreibwerkstättenarbeit bekannten Schreibverfahren vorgestellt.

- Die Methode muss faszinierend, stimulierend und fantasievoll sein.
- Mit den und durch die kreativen Produkte/n muss hinsichtlich des gewählten Themas inhaltlich vertiefend gearbeitet werden können.

Eine grundsätzliche Schwierigkeit ist es für Schüler häufig, überhaupt erst einmal in ein Thema hineinzufinden. Eine Hilfe dazu bietet ein Cluster, ein „Ideennetz". Die Arbeit damit stammt aus der „creative writing"-Arbeit in den USA. Ausgangspunkt sind Ergebnisse der Gehirnforschung, die zeigten, dass die beiden Hälften des menschlichen Gehirns unterschiedlich arbeiten. Die linke Gehirnhälfte ist mehr für das analytische Denken „zuständig", die rechte für das bildliche, ganzheitlichere Denken und damit mehr für die Kreativität. Clustering soll den Weg zur eigenen Kreativität öffnen und durch ungesteuerte assoziative Verknüpfung von Ideen und Vorstellungen Material für das eigentliche Schreiben liefern.

Zunächst wird ein Wort, das das Thema darstellt, in die Mitte eines leeren Blattes geschrieben und darum ein Kreis gezogen. In den folgenden ca. sieben Minuten, in denen es in der Klasse leise sein muss, werden alle Einfälle notiert, mit einem Kreis versehen und mit einer Linie mit dem vorhergehenden Kreis oder dem Ursprungskreis verbunden. Es gibt keine richtigen oder falschen Assoziationen; alles wird aufgeschrieben, wie es einem in den Sinn kommt. Damit Schüler dies wirklich tun, muss für sie von Beginn an klar sein, dass niemand außer ihnen selbst dieses Blatt zu sehen bekommen soll/muss. Sie müssen nicht erklären, wie die einzelnen Assoziationen zustande gekommen sind, auch sich selbst nicht. Es ist völlig in Ordnung, wenn die Assoziationen ganz vom Ausgangswort fort treiben. Am Ende der Clustering-Phase haben die Schüler Ideenmaterial zur Verfügung, das sie für ihre Texte verwenden können. Es werden sich Stichworte, Gedankenzusammenhänge herauskristallisieren, die das Schreiben ermöglichen.

Hier ein – unvollständiges – Beispiel, wie ein solches Cluster aussehen kann. Wenn das Verfahren im Unterricht erläutert wird, sollte allerdings besser ein themenfremdes Wort verwendet werden, um die Gedanken der Schüler nicht zu lenken.

Verfahren kennenlernen

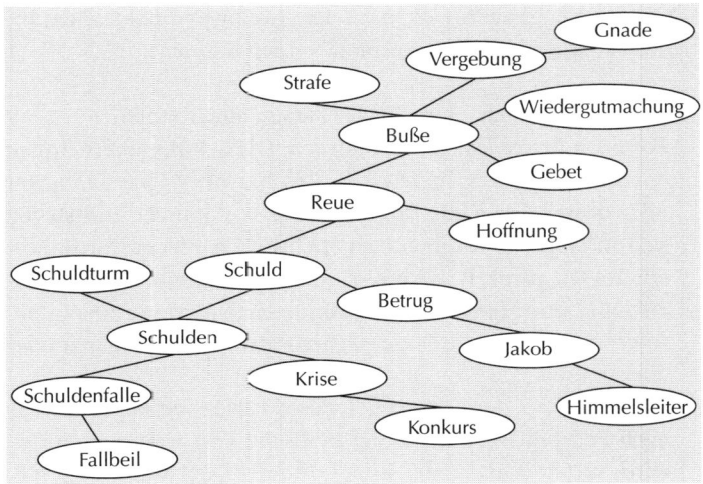

6.1 Kreative Auseinandersetzung mit biblischen Texten

Zentraler Bezugspunkt des Religionsunterrichts ist die Bibel und damit historisch-gesellschaftliche Gegebenheiten sowie eine Sprach- und Bildwelt, die für heutige Schüler Jahrtausende entfernt sind. Das macht einen Transfer unerlässlich, um das Berichtete zu verstehen und um es für das eigene Leben fruchtbar zu machen. Ein Weg, diesen Transfer zu ermöglichen und die Botschaft der Bibel zu reflektieren, ist der der kreativen Auseinandersetzung mit biblischen Texten. Dabei ist das Spektrum möglicher konkreter Anknüpfungspunkte so breit, dass wir nur exemplarisch veranschaulichen können, welche Ansätze und Verfahren wir sehen. Von dort aus ist eine Übertragung auf andere Kontexte sicher problemlos möglich.

Um auf Texte reagieren zu können, müssen Schüler sich ein Textverständnis erarbeiten. Das bedeutet jedoch nicht zwangsläufig, dass „traditionelle" Textanalyse und -interpretation eingefordert werden sollten. Das gilt auch für 6.3 bis 6.5.

Ganz gleich, ob wir einen Psalm oder ein Gleichnis als Gegenstand des Unterrichts heranziehen, methodisch bieten sich unterschiedliche Zugänge an, die nach der jeweiligen didaktischen Intention ausgewählt und zugespitzt werden können:

Im Fokus: Personen – eine Rolle / Person ausarbeiten

- *Personen in der Ich-Form vorstellen.* Die Schüler übernehmen je eine Person des Textes, z. B. den barmherzigen Samariter oder dessen Frau (die im Text nicht vorkommt) und stellen sich anhand von vorbereiteten Stichworten oder ausformulierten Texten vor; z. B.: „Ich bin …". Anschließend kann die Figur über ihre Handlungsmotivation etc. von den anderen befragt werden und die Texte werden entsprechend ergänzt oder überarbeitet.
- *Den Text aus der Perspektive einer Person nacherzählen.* Je nach Perspektive, aus der der biblische Text wahrgenommen wird, verändern sich der Inhalt und die Deutung. – Wie z. B. begründet der Levit, dass er dem Hilfsbedürftigen (Barmherziger Samariter Lk 10, 30–35) nicht geholfen hat, wie erzählt der Gesetzeslehrer das Gleichnis wohl weiter (Lk 10, 29). Natürlich wird Maria den Besuch Jesu (Lk 10,38–42) anders nacherzählen als Martha das tun wird. In den verschiedenen Zugängen und unterschiedlichen Darstellungen kann viel an interpretatorischer Tiefe, aber auch an Details der Textwahrnehmung festgestellt werden.

Nachbarin

Olala, was sehe ich denn da?!
Was treiben die Schwestern jetzt schon wieder?
So viele Männer…
Jetzt gehen auch noch alle zusammen in das Haus hinein!
Ja, ja, ich hab es ja schon seit Längerem vermutet.
Es ist nicht normal, dass die beiden immer noch keinen Mann gefunden haben.
Dass die Maria keiner will, kann ich mir vorstellen, aber dass die Martha noch alleine ist, bleibt mir ein Rätsel. Dabei ist sie doch stets so fleißig!
Da! Jetzt schon wieder!
Will sie etwa all diese Männer bewirten?
Aha! Dem männlichem Geschlecht wird der ganze Essensvorrat vorgesetzt, doch wenn ich mir einmal als nette Nachbarin eine Keule vom Lamm borgen möchte, heißt es immer:

„Tut uns leid, aber wir besitzen kein Fleisch".

Ja, ja, diese Heuchlerinnen!

Ha, guck an!

Maria, dieses faule Weibsbild, sitzt schon wieder einmal nur herum.

Und dann noch zu Füßen eines Mannes!

Die sitzen ja alle um ihn und seine Füße herum!

Was ist denn das für einer?!

Kann er etwa Wasser in Wein verwandeln, oder was?

Nee, der erzählt ja nur, und Martha bringt den Wein!

Die arme Martha, die hat es wirklich nicht leicht mit ihrer faulen
Schwester.

Ja, warum macht sie denn nicht einmal ihren Mund auf?

Ich hätte ihr schon längst meine Meinung gegeigt!

Ha, was erwartet sie jetzt denn noch von dem Mann mit den tollen
Füßen!

Er soll Maria rügen und sie zur Arbeit drängen?!

Mensch, Mädchen! Du bist doch selbst schuld an deiner Misere!

Wenn du dich noch nicht einmal allein gegen deine Schwester wehren
kannst…

Ja, ich habe es doch gewusst, dass es ihm zu sehr gefällt,
wie die Kleine ihn anhimmelt.

Anstatt ihrer bekommt Martha jetzt die Rüge.

Ha, da guckst du doof, ne?!

Anastasia von Fugler

- *Briefe von und an Figuren schreiben.* Der Brief als Textsorte ist
  den Schülern bekannt. Indem aber als Verfasser und Adressaten literarische Figuren gewählt werden, werden fremde Gedanken und Erlebnisweisen erwogen und zum Ausdruck gebracht. – Was schreibt der verlorene Sohn (Lk 15,11–32) weit
  weg von zu Hause, was denkt / antwortet der zu Hause geblie-
  bene Bruder bei der Lektüre? Was würde Paulus an eine Schul-
  klasse schreiben?
- *Die Figuren Tagebuch schreiben lassen.* Indem Tagebucheinträge immer Erlebtes überdenken, leiten sie aus der Figu-
  renperspektive zu einer Rekapitulation und zu intensivier-
  ter Wahrnehmung der Handlung an. – Was könnte einer der
  Geheilten in den vielen Wunder- und Heilungsgeschichten
  (Lk 18, 35–43) in sein Tagebuch schreiben, was z. B. der zu un-
  recht(?) so reich belohnte Arbeiter im Weinberg, der eigent-

lich nur eine Stunde gearbeitet hat und das Gleiche bekommen hat wie der, der viele Stunden im Weinberg gearbeitet hat (Mt 20, 1–16)?

- *Einen inneren Monolog entwickeln.* Verwandt mit dem Schreiben eines Tagebucheintrags ist es, an Stellen, an denen sich die Figuren in Konflikt- oder Entscheidungssituationen befinden, schriftlich über die Situation zu reflektieren. Zum leichteren Schreibeinstieg kann ein erster Satz vorgegeben werden. – Was denkt Adam/Eva nach der Vertreibung aus dem Paradies? Was denkt Kain vor/nach der Ermordung seines Bruders Abel (1. Mose 4)? Was denkt der reiche Mann (Lk 16, 19–31) beim Anblick des armen Lazarus vor seiner Haustür? Was denkt Judas, bevor er Jesus verrät (z. B. Mt 26, 25 oder vor Mt 27, 3)?
- Aus Gedanken können sich dann Handlungen ergeben, die Geschehen beeinflussen und verändern; so müssen die Ergebnisse dieses Arbeitens nicht zwingend wieder in den Handlungsablauf des in der Bibel Erzählten zurücklaufen, es kann auch die Frage nach dem „Was wäre, wenn …?" gestellt werden. – Was, wenn Judas das Geld zurückgebracht hätte? … Abel nicht gestorben wäre? … der reiche Mann mit Lazarus hätte verhandeln können? … Martha von Jesus gelobt worden wäre?
- *Einen Traum erfinden.* Dabei wird die Situation der Figur aufgegriffen und in neue Bilder transformiert; die Gefühle der Figur werden selbstständig ausgestaltet. – Was könnte ein Jünger in der Nacht nach seiner Berufung oder seiner Aussendung (Lk 10) geträumt haben, wie schwer waren der Anspruch und die Selbstzweifel, dem gerecht zu werden, zu ertragen.
- *Randfiguren ausbauen.* Deren Lebensgeschichte wird so erfunden, dass sie sich logisch in den Kontext einfügt. An wenigen Stellen kommen z. B. die Frauen der Protagonisten vor. – Was hätte die Frau des Zöllners Zachäus gemacht und gedacht, als Jesus nach Hause kam? Was die Frau des Barmherzigen Samariters, als dieser wieder einmal Tage später als angekündigt nach Hause kommt?

Verfahren kennenlernen

Im Fokus: die Handlung

– *Die Handlung antizipieren.* Bevor die gesamte Geschichte gelesen wird, kann die Handlung aus der Angabe von Personen,
dem Problem bzw. Dilemma als Geschichte konstruiert und
formuliert werden. Die Abweichungen des biblischen Textes
zu den eigenen Ideen bewirken meist ein größeres Interesse
und eine intensivere Wahrnehmung. – Ein Unfall – professionelle Helfer gehen vorbei, einer, von dem es niemand erwartet
hätte, hilft.

– *Eine im Text nur angedeutete Handlung ausfabulieren.* Der
Rahmen der auszuformulierenden Szene muss aber mit der
Handlung vereinbar und logisch denkbar sein. – Was macht
Zachäus z. B. mit seinem Versprechen, die Hälfte seines Besit-
zes den Armen zu geben? Führt er es tatsächlich aus, welche
Probleme hat er dabei?

– *Nach dem vorgegebenen Erzählmuster eine weitere Geschichte
erfinden.* Etwa: Wundergeschichte, Gleichnis, Rahmenerzäh-
lung bzw. Dialoge zwischen Freunden in einer modernisierten
Hioberzählung usw.

– *Einen Textausschnitt in eine andere Textsorte umsetzen.* Etwa:
einen Handlungsablauf in einen Zeitungsbericht; eine Erzählung in ein Interview mit einer der beteiligten Personen; einen
Dialog in einen Comic oder in eine Fotostory. – Was hätte
über die David-und-Bathseba-Affäre wohl in der Zeitung ge-
standen? Was in einem Gemeindebrief der ersten Gemeinden
zum Tod des Paulus?

– *Die Erzählhaltung ändern.* Einzelne Textpassagen werden um-
geschrieben, etwa durch Ersetzen eines auktorialen bzw. per-
sonalen Erzähler durch einen Ich-Erzähler. – Jesus bzw. Maria erzählen die Perikope vom 12-Jährigen im Tempel. Ein
Schriftgelehrter, ein Beobachter und Zachäus erzählen (jeweils) die Begegnung mit Jesus als Ich-Erzähler.

– *Einen neuen Schluss erfinden.* An zentralen Stellen der Handlung kann angehalten werden, um einen möglichen Fortgang
der Handlung zu konstruieren. – Was passiert bei den Arbei-
tern im Weinberg, nachdem der Verwalter alle Arbeiter zum
Austeilen des Lohnes einberufen hat. Wer bekommt wie viel?
Was wäre geschehen, wenn Judas nicht zu den Hohepriestern

gegangen wäre (Mt 26, 25)? Was wäre passiert, wenn Jesus eine Heilung nicht gelungen wäre?

- *Ausgestalten / ausmalen.* Wichtige Städte, Orte, Landschaften, Räume, Gebäude etc. in ihrer zeitbedingten historischen Eigenart werden genauer beschrieben, als dies in der Lektüre geschieht, besonders wenn die Handlung weiter zurückliegt. Dies eignet sich auch sehr gut, um den Anfang eines biblischen Textes erzählerisch zu gestalten.
- *Vervollständigen.* Handlungen, die im Text nur angedeutet werden (Leerstellen), werden ausgefüllt, ebenso Zeitsprünge im Handlungsverlauf. – Was hat der „verlorene Sohn" mit seinem Erbe gemacht? Was hat Judas getan, nachdem er Jesus verraten hatte? Was, nachdem er das Geld bekommen hatte?
- *die Handlung aktualisieren:* Aktualisierungen rekurrieren automatisch auf Erfahrungen der Schüler. – Wie könnte heute ein Wunder passieren? Was wäre, wenn Jesus heute wiederkäme? Wie könnte sich der „barmherzige Samariter" heute ereignen?
- *die Übersetzung aktualisieren:* Viele Schüler haben mit der Sprache der Bibel auch in modernen Übersetzungen wie z. B. *Die gute Nachricht* Schwierigkeiten. Überträgt man ihnen allerdings die Aufgabe, nach Vorlage eigene Psalmen zu schreiben, die in freier Form den Inhalt übernehmen und durch die Nähe zu lyrischer Sprache auch den biblischen Sprachduktus der Psalmen aufnehmen, kommt es zu erstaunlich sprachkreativen Ergebnissen. Es lohnt eventuell auch der Vergleich mit der Volx-Bibel. Hier ein Beispiel für einen von einer Schülerin verfassten Klagepsalm:

> Ich bin wie eine zerbrochene Vase,
> nicht mehr als Scherben ist von mir übrig,
> ich bin ein Trümmerhaufen.
> Dabei bin ich einmal schön gewesen, liebevoll aufgestellt worden,
> mit Blumen geschmückt, von allen bewundert.
> Wer hat mich kaputt gemacht, warum?
> Ich fühle mich völlig zerschlagen,
> wer will noch was von mir!
> Kannst du mir helfen oder schweigst du auch?
> Vielleicht fegt die Scherben jemand zusammen,
> reparieren kann man mich nicht mehr,

Verfahren kennenlernen

zumindest kein Mensch kann das.
Hilfst du mir oder wartest auch du nur darauf,
dass jemand die Scherben in den Papierkorb wirft?

Vanessa Klein

6.2 Kreative Auseinandersetzung mit (religiösen) Grundfragen

Zwar ist die Bibel zentraler Bezugspunkt christlich-religiöser Fragestellungen, doch kann/muss ich mich ihnen nicht zwangsläufig immer beziehungsweise zuerst über die Bibel nähern. Viele Lebensfragen stellen sich den Menschen nicht von vornherein als religiöse Fragen, sondern ganz unvermittelt: „Ein geliebter Mensch stirbt, ist tot. Wie kann ich damit umgehen?", „Der Natur droht der Kollaps. Welchen Beitrag kann ich zu ihrem Erhalt leisten?", „Es geschieht so viel Schlimmes auf der Welt – Wo befindet sich Gott (in meinem Leben)?". Die Suche nach Antworten ist immer auch ein Abwägen, ein Durchspielen von Varianten. Dieses Durchspielen / Ausprobieren kann nicht immer im realen Alltag stattfinden, aber Literatur bietet ein – relativ risikoloses – Spiel- und Experimentierfeld. Es gibt zahlreiche sprachliche Möglichkeiten.

Akrostichon
Gerade für jüngere Schüler können gelegentlich formale Vorgaben eine Hilfe beim Schreiben sein. Als besonders geeignet hat sich das Akrostichon (*griechisch* Versanfang, Versspitze) erwiesen. Dafür werden die Buchstaben eines Wortes, das gleichzeitig das Thema des zu schreibenden Gedichtes benennt, senkrecht untereinander geschrieben. Sie sind damit die Anfangsbuchstaben der einzelnen Gedichtzeilen, und die Buchstabenzahl gibt gleichzeitig die Anzahl der Gedichtzeilen vor. Das kann bedeuten, dass sehr komprimiert formuliert werden muss. Die Zeilen können aus einzelnen Wörtern bestehen, aber auch mehrere Wörter enthalten.

Das für Christen bekannteste Akrostichon/Akronym dürfte der Fisch sein (ICHTYS [*griechisch* Fisch] = Iesùs Christòs Theòu Yiòs Sotèr [Jesus Christus Gottes Sohn Erlöser]). Das Alte Testament enthält eine Reihe von Akrosticha.[2] Die mittelalterliche Literatur kennt ganze Widmungsgedichte, die mit dem Akrostichon arbeiten.

Gelegentlich versuchen Schüler, die Form einzuhalten, sich thematisch jedoch von der Vorgabe zu lösen. Das ist natürlich nicht im Sinn der Aufgabe. Andere erschweren sich die Arbeit, indem sie zusätzlich mit Reim arbeiten wollen. Das ist zwar nicht „verboten", aber auch nicht zu empfehlen. Genauso können die Akrostichon-„Varianten" Mesostichon (themengebendes Wort aus Buchstaben in der Versmitte) und Telestichon (themengebendes Wort aus Endbuchstaben der Verse) gewählt werden; sie sind schwieriger, aber nicht so bekannt.

Jesus
Erreichte für uns
Segen
Und
Sicherheit

Antonia Dreiling

Thematisches Alphabet
Ähnlich einer thematischen Sammlung kann man Assoziationen zu Themenfeldern in Form eines Alphabets *des Friedens / Unfriedens / der Liebe / des Glaubens / Jesu* schreiben lassen.

Elfchen
Eine weitere, allgemein inzwischen verbreitete formale Vorgabe, die eine inhaltliche Annäherung anleiten kann, sind Elfchen. Hier sollen in fünf Zeilen elf Wörter vorkommen, zuerst eines, dann zwei, dann drei, dann vier, dann wieder eins pro Zeile.

Mögliche Impulse zum Thema „Propheten" könnten sein:
Zeile 1: Der Name des Propheten
Zeile 2: Eigenschaft der Person
Zeile 3: Was tut sie?

---

2 Vergleiche dazu: Klaus Koenen, Art. Akrostichon. In WiBiLex (http://www.bibelwissenschaft.de/wibilex/das-bibellexikon), Zugriff: 26.03.2011.

Zeile 4: Was interessiert dich an der Gestalt? Was möchtest du
         sie fragen?
Zeile 5: Schlussstatement, Antwort etc.

> Propheten
> sind mutig
> ermahnen die Wet
> woher nehmen sie Sicherheit?
> Gott(esbeziehung)
>
> *Lisa Schilling*

Haiku
Vgl. 6.8, S. 117

Tanka und Renga
Vgl. 6.7, S. 113 f

Rondell
Vgl. 5.1, S. 28.

Sinngedicht
Vgl. 5.1, S. 27 f.

Freie Geschichten zu einem vorgegebenen Thema
Vgl. 5.1, S. 26.

Gedichte bzw. Texte weiterschreiben
Natürlich bietet sich hier auch an, Gedichte mit hohem Auffor-
derungscharakter oder einer sehr klaren, einfach aufzunehmen-
den Struktur weiterschreiben zu lassen. Hier ein Beispiel zu Rudolf Krenzers Gedicht *Wann fängt Weihnachten an?*, von dem die
Schüler nur die ersten drei Verse bekommen hatten:

Wann fängt Weihnachten an?

> Wenn der Schwache dem Starken die Schwäche vergibt,
> wenn der Starke die Kräfte des Schwachen liebt,
> wenn der Habewas mit dem Habenichts teilt,
> *bis hier vorgegeben*

Wenn der Habenichts bei dem Habewas weilt,
wenn die Jungen den Weg zu den Alten suchen,
wenn die Alten weniger Flüge buchen,
wenn die Dunkelheit in uns plötzlich hell erscheint,
wenn das Licht über die Dunkelheiten weint.
Wenn das Laute mal ganz leise wird,
und das Leise nicht im Lauten friert,
wenn Gott als der Große kommt ganz klein
als Jesus zu uns ins Haus hinein,
ja wann, ja dann fängt für uns alle Weihnachten an.

Klasse 8b, Gymnasium am Waldhof, Bielefeld (Schuljahr 2006/2007)

6.3 Kreative Auseinandersetzung mit literarischen Texten zu religiösen Themen

Wie schon in 5.1 gezeigt, kann von anderen Autoren Geschriebenes zur eigenen literarischen Auseinandersetzung herausfordern. Die Reaktionen / Antworten können vielfältig sein. Während wir in 5.1 allerdings biblische Texte als Ausgangspunkte gewählt haben, stellen wir hier eine Auswahl moderner literarischer Texte vor, die sich nach unserer Überzeugung zur kreativen Auseinandersetzung mit für den Religionsunterricht relevanten Fragen eignen.

Die Methoden des Umgang mit biblischen Texten sind zum Teil auf die mit literarischen Texten übertragbar, dennoch haben wir unten bei den Beispielmaterialien noch einige „Hilfestellung" gegeben. Die Herausforderung – oder Hilfe – hierbei ist nach unserer Überzeugung, dass die Schüler mit heutigen Positionen konfrontiert werden, auf die sie reagieren können / müssen; sei es bestätigend, relativierend oder ablehnend. Dabei geht es nicht darum, die Form oder die Sprache des „Gesprächspartners" nachzuahmen, sondern darum, eine eigene Position, eine „Antwort", zu formulieren.

Das „Angebot" geeigneter Texte ist unüberschaubar, auch wenn es in der modernen deutschsprachigen Literatur kaum Schriftsteller gibt, die explizit für sich in Anspruch nehmen, religiöse Literatur zu schreiben. Die von uns gewählten Beispiele, bei

Verfahren kennenlernen

denen wir uns bis auf ganz wenige Ausnahmen auf in den letzten
zehn Jahren entstandene / veröffentlichte Texte konzentriert haben, sind nur als Anregungen gedacht, um diese Möglichkeit des
kreativen Arbeitens in den Blick zu rücken.

Recherchehilfen

Eine große Auswahl weiterer Texte findet sich in den im Litera-
turverzeichnis genannten Büchern. Vor allem die Zusammenstel-
lungen zu theologischen Themen von Horst Klaus und Sigrid Berg
in zehn Bänden bieten schier unerschöpfliches Material. Daneben
bietet das Internet Orientierungshilfe, zum Beispiel www.guten
berg.spiegel.de, www.lyrikline.org oder www.gedichte.xbib.de/ (die
deutsche Gedichtebibliothek). Alle drei Seiten bieten gute Re-
cherchemöglichkeiten über Verfasser -Namen oder Stichwörter.

Angebote im Buch

Bewusst haben wir in unserem Materialteil auch auf Texte jugendlicher Schreibender zurückgegriffen, die den Schülern in
Sprache und Sichtweise noch näher kommen und damit vielleicht noch mehr zum „Dialog" herausfordern. Auch können sie
Mut machen, weil sie zeigen, dass Kinder und Jugendliche interessante literarische Texte schreiben können.

6.4 Kreative Auseinandersetzung mit Bildern zu religiösen Themen

Genauso wie Texte können auch Bilder oder Skulpturen Ausgangspunkte für das literarische Schreiben der Schüler sein. Die
Zahl der bildenden Künstler, die sich mit – im weitesten Sinne –
religiösen Themen beschäftigt haben, ist ebenso unüberschaubar
wie die der Schriftsteller. Entsprechend vielfältig ist auch hier das
„Angebot". Von besonderem Reiz für Schüler kann die Auseinandersetzung mit Bildern oder Skulpturen sein, die sich in den
Kirchen vor Ort finden oder von heimischen Künstlern stammen (siehe 6.8).
Jede Auswahl ist zwangsläufig subjektiv, soll und kann nicht
repräsentativ sein. Wir haben uns bewusst auf Material kon-

zentriert, das überwiegend nicht über andere Quellen zugänglich ist. Ebenso bewusst haben wir auch einige Bilder ausgewählt, die nicht explizit religiöse Themen aufgreifen. Wir denken, sie veranschaulichen überzeugend, dass das nicht notwendig ist, um damit erfolgreich im Religionsunterricht arbeiten zu können.

Die im Buch nur als Schwarzweiß-Kontaktabzüge dokumentierten Bilder stehen farbig unter www.v-r-schule.de direkt beim Buchtitel zum Download für die Unterrichtsarbeit zur Verfügung.

Für weitere Bilder oder Skulpturen steht neben Bildbänden oder Katalogen ebenso wie für Texte das Internet zur Verfügung. Die Bildersuche der verschiedenen Suchmaschinen ermöglicht einen Zugang sowohl über den Künstler-Namen als auch über thematische Stichworte.

Schüler werden zumindest punktuell irritiert auf die von uns angebotenen Bilder reagieren, weil sich kein unmittelbarer Zusammenhang mit den Unterrichtsthemen zu ergeben scheint. Wir sind aber der Überzeugung, dass gerade eher „abstrakte" Bilder eine attraktive Herausforderung darstellen, da sie ihre „Geschichten" nicht sofort erzählen.

Als Beispiele für den Dialog zwischen Bild und Wort hier zwei Texte aus dem Projekt „Gottes Häuser" des Fotografen Klaus Hansen und des Autors Michael Hellwig zu *Säulenheiliger* und *Segen* (S. 83):

Strahlen

dunkel licht dämmerung licht helligkeit licht dämmerung licht dunkel es werde licht augen zu augen auf kein licht ohne schatten kein schatten ohne licht die im dunkeln sieht man nicht augen auf nichts hören nichts sehen nichts sagen augen zu wen ich nicht seh der sieht mich auch nicht licht blendung licht aus spot an sonne mond und sterne der letzte macht das licht aus
Das Licht der Welt
ist elektromagnetische Strahlung.

© *Michael Hellwig, Enger 2009*

TrostLos

ausweglos, hoffnungslos, trostlos
Trost suchen
unbemerkt, unverstanden, ungetröstet
Trost finden
lindernd, heilend, rettend
Trost spenden

Gewinnchance eins zu sieben

© *Michael Hellwig, Enger 2009*

6.5 Kreative Auseinandersetzung mit Musik

Musik und Religion gehören von Anbeginn zusammen und können sich auch im Unterricht gegenseitig befruchten. Zum kreativen Schreiben zu Musik eignen sich in erster Linie Instrumentalstücke, die Gefühle und bildliche Vorstellungen wecken. Bei Liedern oder Stücken mit Text würde wahrscheinlich weniger der Klang als der Wortlaut des Textes Reaktionen hervorrufen. Das heißt nicht, dass die kreative Auseinandersetzung mit Liedtexten nicht anregend sein kann. Unter anderem könnten Kontrafakturen, moderne Texte auf vorhandene Melodien, geschrieben werden. Möglich ist auch, sowohl Bild- als auch Textinput zu geben, so dass beide sich gegenseitig bereichern und unterstützen.

In Mendelssohns *Elias* z. B. wird die Eliageschichte auskomponiert. Kennen die Schüler die Handlung, können Stimmungen, die erzählerisch kreativ umgesetzt werden sollen (z. B. Elias Begegnung mit den Baalspriestern) durch die Musik kreativ angeregt und unterstützt werden: z. B. Gedanken Elias vor der Begegnung.

6.6 Texte, Bilder, Hinweise

Die Beispielmaterialien auf den folgenden Seiten sind nach den Namen der Urheberinnen und Urheber alphabetisch geordnet. Die Bilder finden Sie auch farbig zum Download unter www.v-r-schule.de beim Titel. Eine Zuordnung zu denkbaren Themen folgt im Anschluss als Übersicht. Anmerkungen / Erläuterungen / Anregungen zu einzelnen Texten und exemplarische Aufgabenstellungen haben wir ebenfalls als „Anhang" zusammengefasst.

6.6.1 Texte, Bilder

Melanie Babenhauserheide

>   manchmal
>   wenn du dem Leben verloren gehst
>   hab ich keine Kraft
>   Bekomme zu hören
>   „Werd mal erwachsen!"
>   im Sinne von
>   „Stell dich mal tot!
>   Maschinier dich ein!
>   Bau dir ein Haus!
>   Sperr dich drin ein!
>   Putz die Küche!"
>   manchmal
>   gehe ich der ersten Forderung schon nach
>   mehr als nötig zum Überleben
>   manchmal
>   gehe ich der zweiten Forderung schon nach
>   nicht ganz wie nötig zum Überleben
>   manchmal
>   wenn du dem Leben verloren gehst
>   sterb ich selber daran los
>
>   wenn ich sonst tatkräftig rumbete
>   Dich zurückzuholen
>   zu denen, die in der Welt verloren dastehen
>   weil ihre Heimat das ungeborene Paradies wäre
>   schenken wir uns Wehen
>   Wehen, die schreien und flüstern
>   dass nicht alles tot ist
>   wenn auch alles krankt

© Melanie Babenhauserheide, Bielefeld 1999/2009

Melanie Babenhauserheide

Mimesis

je kürzer uns die Wege gehen
je sicherer uns Siebenmeilenstiefel wachsen
desto mehr vergessen wir
übern Wegesrand zu gucken

kommen dem Staub näher
der nur für sich selbst da ist
der keinerlei Sinn macht

© Melanie Babenhauseerheide, Bielefeld 1999/2009

Siegfried Baron

Geburt

Möchtet Ihr geboren werden
mit Eurer Hoffnung,
gebt acht,
    daß Eure Kerzen
nicht zerfallen,

    daß Eure Tür
der Wind ist,
denn Blumen
und Sterne
klopfen nicht an,
und in den Ohren
Raum bleibt
für die Einsamkeit
der Flöte,
gespielt von der Nacht.

© Siegfried Baron, aus: Ders.: Lyrik. Enger 1995, S. 17

Siegfried Baron

Gebet

Siegfried Baron

Gekreuzigt

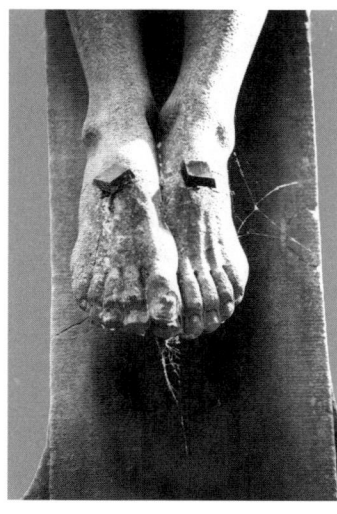

Verfahren kennenlernen

Siegfried Baron

Kreuzträger

© *Siegfried Baron,*
Ausstellungsprojekt
„Die letzte Reise",
Hiddenhausen 2008

Siegfried Baron

Löwenzahn

© *Siegfried Baron,*
Ausstellungsprojekt
„Die letzte Reise",
Hiddenhausen 2008

Texte, Bilder, Hinweise

Siegfried Baron

Moral

Speise
den Hungernden
als Apfelbaum,
der keine Ethik kennt
und keine Moral,
keine Christen und Buddhisten
und keinen
Lohn des Himmels.

© *Siegfried Baron, aus: Ders.: Lyrik. Enger 1995, S. 25*

Siegfried Baron

Trauernde

© *Siegfried Baron,*
Ausstellungsprojekt
„Die letzte Reise",
Hiddenhausen 2008

Verfahren kennenlernen

Siegfried Baron

Trösterin

Rudolf Bussmann

Ein Engel

Ich habe mich möglicherweise nicht in jedem Fall richtig benommen, mich nicht in jedem Fall aufgeführt, wie man sich das möglicherweise von mir versprach. Was hat man sich erhofft, bitte? War es ein Engel, den man erwartete?

Ein Engel lässt sich für seine Aufführung nach Gefallen beflügeln. Im Vollbesitz seiner Flügel ist er ein schönes Versprechen, es ist ihm unbenommen ein Versager zu sein. Benommen habe ich mich möglicherweise am besten aufgeführt.

Es war mir nicht in jedem Fall möglich eine Hoffnung zu sein. Möglicherweise bleibe ich auf Lebenszeit im Vollbesitz des schönen Versagens. Bleibt ein gefallener Engel nicht in jedem Fall ein Engel?

Es ist euch nicht versagt zu erwarten, dass ich gut ausgeführt ein Engel bin. Ich hoffe nicht versprochen zu haben mich auf Lebenszeit im Vollbesitz meiner Möglichkeiten zu benehmen. Eine Engelbitte: Das werde ich gewesen sein.

Rudolf Bussmann

Über das Wunderbare

Gott würfelt nicht[3]
Vertieft in das Spiel
das er zu seinem Vergnügen erfand
hantiert er an der Mechanik des Himmels
bläst Wolken von Sternen wie Staub
auf ihre Bahn und sieht die Milchstrassen
im Rhythmus seiner Gesetze
tanzend verglühn. Ein Rätsel allein
bleibt ihm der Tod.
Hätte er einen Wunsch frei, verwandeln würde er sich
in eines der Wesen, denen das Leben sich füllt
und leert bis zum Grund
die den Überdruss kennen, Tränen
Angst und Entsetzen, und am Ende
wegstürzen ins Nichts. Alle Gesetze
tauschte er ein ohne zu zögern
für ein Stück Vergänglichkeit. Doch jenseits
der Träume lebt er, kein letztes Gebet
lässt seine Lippen erbeben, kein Schauer ihn fahren
aus seiner Haut. Gott kennt
die Hoffnung nicht. Im Spiel, das er fortlaufend gewinnt
wird für ihn nie
kein Wunsch frei.

© Rudolf Bussmann; zitiert nach: Das Gedicht.
Zeitschrift für Lyrik, Essay und Kritik Nr. 9 (Himmel und Hölle),
Weßling bei München 2001, S. 47

3   Mit „Gott würfelt nicht" zitiert Bussmann Albert Einstein.

Robin Dietrich

Engel

Auf Wunsch des Wissens bin ich gekommen
das Leben zu nehmen
das du hast erklommen

Auf Wunsch der Stille bin geblieben
das Leben zu lernen
das du hast entschieden

Auf Wunsch der Erkenntnis bin ich verschwunden
das Leben zu lieben
das du hast gefunden

Thomas Frahm

Versöhnung

Die Wunder lieben mich.
Sie kommen, wenn ich weine
und keinen Ausweg weiß
und in mir selbst ertrinke.

Sie wissen sehr genau: Ich liebe dich.
Sie pfeifen drauf, was ich gerade meine
und scheren sich nicht um den ganzen Scheiß,
den ich als SOS nach oben blinke.

Die Haare, die von meinem Haupte fallen,
verwandeln sich in eine Engelsharfe.
Mein wildes Fluchen endet als Gebet.
Meine Versteinerung als Fels, auf dem wir stehen.

Der Regenbogen zieht schon seine scharfe
Spur am Himmel, nicht zu übersehen.
Und als die Räume klangvoll widerhallen,
ist es gewiss, dass alles weiter geht.

Texte, Bilder, Hinweise

Thomas Frahm

www.wunder.htm

Ich möchte an Wunder glauben.
Aber ihre Haut ist dünn,
vielleicht nur gerendert
übers 3-D-Objekt.
Ein Cyborg. Lara Croft. Ein trittfestes Nichts mit Titten,
Knarre und Springerstiefeln.

Meine Augen sind schlecht.
Die Aura, die, wie Goethe mal sagte,
Lebendiges ausstrahlt,
nehm ich nicht wahr. Meine Nase
ist trocken, verkrustet; auch ihr
kann ich nicht folgen.

Ich möchte an Wunder glauben. Aber
meine Haut ist dünn. Dahinter
rendere ich meine Wünsche
nach einem trittfesten Nichts mit Titten.
Knarre und Springerstiefel
besorg ich mir schon
für meinen Amoklauf durch die Homepages der Welt.

Es wird, fürchte ich, Tote geben.
Aber was heißt das schon: fürchten,
wenn mich kein Wunder bremst?

© *Thomas Frahm; Sofia 2001*

Verfahren kennenlernen

Nora Gomringer

Daran sterbe ich jetzt aber sicher

Sage ich zu meiner Ärztin
Die lächelt und sagt, ja sicher
Wenn Sie das wollen
Sie können aber auch weiterleben und
100 werden und sehen, wie Ihre Enkel
Heiraten und Ihre Urenkel auf die Welt kommen
Aber nur, wenn Sie wollen
Und dann tippt sie so gegen die Spritze
So wie in den Filmen
Die Spritze zwischen den Fingern, in der Höhe
Und eine Flüssigkeit drin und in mir eine Kanüle
Und ich entscheide mich und ziehe mich an und vorher
Den Schlauch aus meinem Arm
So steh ich an der Ecke und warte auf den Bus,
Meine Kinder, die Enkel, ihre Hochzeiten, die Kinder der Enkel
Mein 100stes Lebensjahr und bin erst mal nicht 100,
Sondern nur da.

aus: Gomringer, Nora: Klimaforschung, Dresden / Leipzig 2008,
S. 76

Nora Gomringer

MEIN.

Der kleinen Schiffe, Boote genannt, Kähne genannt, der Fähnchen in Käsehäppchen und Wurstsalat, der verhungerten Kinder, der sieben Fetten, der sieben Mageren, der Jahre und Kornspeicher, der Ebben und Flut-Zustände, der Wassertrinker und Fischeesser, der Schießscharten, der wirklich guten Lieder, der Abschiede, der Wassereinlagerungen, der Wunden in Händen und Füßen, der Krone aus Dornen, der Juden, der anderen, der Tampons, der faltbaren Partyliner, der Haken und Ösen, der Nadelöhre, der Gleichnisse, der Zahlen 1 bis 10, der Zahlen hoch zwei, der Bastkörbchen im Schilf, der weisen Sprüche, der Urteile des Salomon, der Löwen und Löwengruben, der Tamburine, der Esel und der Männer in Bäumen, der Palmzweige, der rohen Eier, der Sitte, der Scharfschützen, der Tempelvertreibung, der Opferung, der Tabernakel, der Söhne des Mannes aus Ur, der Väter der Männer aus Ur, der Einschläferung, der Erweckung und Reinigung, der Riten, der Frauen, der großartigen Huren, genetisch sortierten Kinder, der Filmemacher und Erzähler, der Seele, der Salzkammern, der Tropfsteine und Archen, der Tiere von A bis Z und deren zwei, der Vertreibung, der schweren Geburt, der Kain und Abel Bruderschaft, der Bundesliga, der leeren und vollen Züge zu und von dir, der Schikanen, der Schärfe und Züngigkeit, Küsse und des Thomas, der Mädchenorchester zu Propagandazwecken, der ersten Bilder der kleinen Füßchen in Frauenbäuchen, der ersten Schreie, der ersten Schritte, der ersten Noten, der ersten Lieben, der ersten Tanzstunden und Abschlüsse, der ersten Momente, der letzten Momente, der Salbungen, Ölungen und ja, der Mitte und des Lichts, der Kürzungen, der Verlängerungen, der Abschottung und Weitung, der Trennung und Erschöpfung.

GOTT.

aus: Gomringer, Nora: Sag doch mal was zur Nacht, Dresden / Leipzig 2006, S. 60 f.

Verfahren kennenlernen

Klaus Hansen

Säulenheiliger

© *Klaus Hansen; aus dem Projekt „Gottes Häuser" (in Kooperation mit Michael Hellwig), Enger 2009*

Klaus Hansen

Segen

© *Klaus Hansen; aus dem Projekt „Gottes Häuser" (in Kooperation mit Michael Hellwig), Enger 2009*

„ich erinnere mich nicht mehr an ihr gesicht", sage ich.

„ich kann es nicht mehr sehen. papa hat mir fotos gegeben, aber da ist ... das sind nur bilder. ich will ihr echtes, richtiges gesicht sehen!"

„mach die augen zu!", sagt großvater plötzlich.

„warum?" ich starrte ihn widerwillig an.

„mach die augen zu!", wiederholt er. er ist so ruhig wie immer, aber an seinem blick sehe ich, dass es wichtig ist.

ich schließe die augen. warte.

„ich sehe nichts. alles ist schwarz." ich maule, aber die augen halte ich dennoch fest geschlossen.

„erinnerst du dich noch an den letzten sommer?", fragt großvater. seine stimme klingt jetzt anders, wärmer, weicher.

na klar, letzten sommer, als die tage noch hell und schön und leicht zu leben waren. die großen ferien verbrachten wir alle zusammen auf dem land. ich erinnere mich noch genau an das große alte steinhaus und die streunende katze und die weiten felder ringsherum. die sonne schien die ganze zeit. es gab nichts als sonne und wind, felder und himmel, stille und mamas lachen.

damals wusste ich nicht, warum wir alle zusammen urlaub machten. warum wir in der stadt abends feste feierten. warum papa dann plötzlich doch nicht arbeiten musste in den ferien. und ich verstand auch nicht, warum mama und papa nachts draußen in den feldern saßen und die sterne ansahen und manchmal weinten. einmal, als ich nachts wegen der hitze nicht hatte schlafen können, sah ich, wie sie eng umschlungen auf der veranda saßen, und hörte mamas weinen. aber dann vergaß ich es wieder. sie stritten ja nicht.

„erinnerst du dich noch an die katze auf dem land?", fragt großvater. „oder an das picknick am meer? weißt du noch, wie du mit jonas ganz allein pizza backen wolltest?"

als er das sagt, muss ich fast lachen. mein kleiner bruder und ich hatten den teig vergessen, er war immer weiter aufgegangen, und als mama die schüssel aufmachte, hörte ich ein „plöff" und der teig kam aus der schüssel, mama entgegen. ich sehe mamas rücken vor mir, das rote t-shirt und die braungebrannten arme, und auch, wie sie sich wütend zu uns umdreht. aber dann ist da nur eine wolke, als hätte sie kein gesicht. trotzdem kann ich hören, wie sie plötzlich anfängt zu lachen. ja, ich kann ihr lachen hören, ich spüre die gleiche erleichterung und das gleiche erstaunen wie damals.

„was siehst du?", fragt großvater.

„der teig ...", sage ich. „mama lacht. sie ist gar nicht wütend."

„erinnerst du dich noch, wie die tomatensoße durch die ganze küche gespritzt ist?", fragt großvater, und ich kann hören, dass er grinst.

„ja", sage ich, „aber ich sehe nicht mamas gesicht."

„sch", macht großvater. „weißt du noch, wie deine mama geflucht hat?"

da sehe ich die spritzer an der wand wieder vor mir und höre mamas stimme, aber ihr gesicht kann ich noch immer nicht sehen. plötzlich fällt mir ein, wie mama mitten im fluchen zu lachen anfing. sie lachte so sehr, dass sie nicht mehr sprechen konnte, und dann tunkte sie ihren finger in den topf mit der soße und malte meinem bruder rote flecken auf die wangen und rote augenbrauen auf die stirn. mein bruder stand reglos da, mit großen, erstaunten augen, als verstünde er die welt nicht mehr.

ich muss grinsen, als ich ihn so sehe.

„was siehst du?", fragt großvater.

ich schüttele den kopf.

mama drehte sich zu mir und bemalte auch mein gesicht. sie kniete dicht vor mir und lächelte breit und glücklich.

„ich sehe sie", flüstere ich und kann das lächeln auf meinem gesicht spüren.

„ich weiß", sagt großvater.

„woher?"

„ich sehe es dir an. was tut sie?"

„eben kommt papa in die küche", sage ich. „er hat mama fluchen und lachen gehört."

„die plötzliche stille hatte ihn argwöhnisch gemacht", sagt großvater.

papa stand in der küchentür. „was tut ihr da?", fragt er. „seid ihr jetzt ganz verrückt geworden?"

aber da nahm mama einen finger voll tomatensoße, verteilte sie auf ihren lippen und gab papa einen schmatzenden kuss mitten auf den mund.

„hmm", sagte papa und leckte sich die lippen; „wirklich sehr lecker!"

und mein bruder quietschte begeistert: „guck nur, wie du jetzt aussiehst!"

„na los, sag schon. was siehst du?", fragt großvater.

da mache ich die augen wieder auf, blinzle.

„wie kann sie denn tot sein?", sage ich. „sie kann doch nicht gleichzeitig tot und lebendig sein. gerade war sie noch da. wie kann sie denn jetzt weg sein?", frage ich verzweifelt. meine stimme bricht, und ich beginne zu weinen.

großvater hält mich lange im arm. wir schweigen.

schließlich sagt er: „sie ist ja nicht weg. in deiner erinnerung wird sie immer da sein. du weißt ja, du brauchst bloß die augen zu schließen und an sie zu denken. dann wird sie kommen, wann immer du sie brauchst."

© Ann Christin Harmening; aus: Rumpelstilzchen –
Literaturblatt des Widukind-Gymnasiums Enger Nr. CIII/16.04.2007, S. 3f.

Gerhard Knollmann

Getragen

Gerhard Knollmann

Hoffnung

Verfahren kennenlernen

Gerhard Knollmann

In Ketten

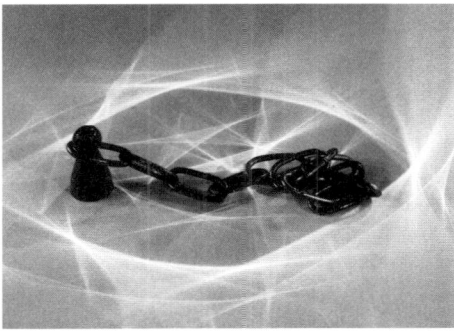

© *Gerhard Knollmann;*
Enger 2003

Gerhard Knollmann

Werdegang

© *Gerhard Knollmann;*
Enger 2003

Marvin Koltzsch

Anders

Na? Schon mal von Anders gehört?

Wenn Anders redet, hört Gott zu. Anders fürchtet sich nicht vor der Dunkelheit, die Dunkelheit fürchtet sich vor Anders. Deswegen lässt Anders für sie nachts das Licht brennen. Jeder will Anders sein, aber Anders will nicht jeder sein. Nicht jedem, übrigens, will Anders gestatten, auf der Welt zu sein. Es gibt nur bestimmte Individuen, denen Anders erlauben will, zu existieren, und die haben anders zu sein als er. Denn wer anders ist als Anders, auf den kann er hinabsehen. Wenn es nach Anders ginge, dann gäbe es niemanden, der so anders ist wie er. Denn andere andere stören Anders nur in seinem Anderssein. Keine andere als Anders' Musik möchte Anders in den Gefilden, in denen die Wurzeln seiner Andersartigkeit sprießen, hören. Manchmal gönnt sich Anders die Unterhaltung, darüber zu reflektieren, wie es wohl ist, anders als anders, also nicht anders zu sein. Ein bisschen neugierig macht es ihn schon. Da, eines Tages, beschließt Anders, von seinem Anderssein allmählich gelangweilt und angeödet, sich bei jemand anderem zu erkundigen, wie man für einen Tag probeweise, zur Abwechslung mal nicht Anders sein kann, also gewissermaßen anders als anders. Er will diesbezüglich gerne seinen Horizont erweitern und wissen, wie sich das anfühlt, diese Überandersgrenze, hinter der die anderen, die er so sehr verachtet, leben, zu überschreiten. So ruft er jemand anderen zu sich und fragt ihn:

Wie kann ich anders sein als anders?

Und der andere antwortet

Indem du schläfst oder tot bist.

Mit dieser Antwort hat Anders nicht gerechnet.

Es folgen Tage der Depression, in denen Anders sich denkt:

Wenn Anders sein so langweilig ist, dann will ich doch lieber vollends anders sein als Anders. Was aber ist anders als Anders? Träume, könnt ihr es mir sagen?

So versucht Anders, auf seine Träume zu hören, und so gelingt es ihm im Schlaf nicht, anders zu sein als Anders. Denn gerade wenn man sich vornimmt, im Schlaf gezielt anders zu sein als Anders, bleibt man anders. Unbefriedigt ruft Anders eines Nachts in den sternlosen Himmel.

Was ist anders als Anders? Tod, kannst du es mir sagen?

Er ist Anders. Jeder will Anders sein, aber Anders will nicht jeder sein.

Mit dieser Erkenntnis springt er in den Fluss.

Ulrike Schönfelder-Hellwig

Der Weg ins Ungewisse

Ulrike Schönfelder-Hellwig

Flucht und Vertreibung

Ulrike Schönfelder-Hellwig

Frauen

© *Ulrike Schönfelder-Hellwig; Enger 1984*

Ulrike Schönfelder-Hellwig

Jahresringe

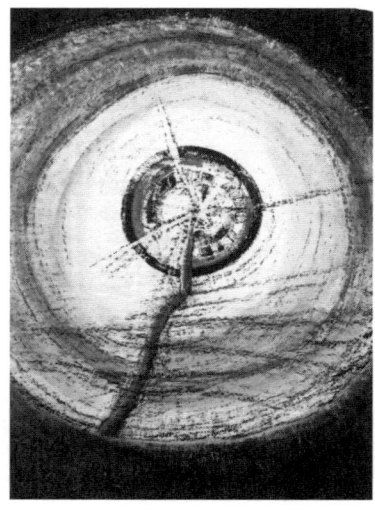

© *Ulrike Schönfelder-Hellwig; Enger 1984*

Verfahren kennenlernen

Ulrike Schönfelder-Hellwig

Kreuzgang

Ulrike Schönfelder-Hellwig

Om – Worte des Berges V

Texte, Bilder, Hinweise

Lea Stenzel

ein augenblick

in jeder minute
schwinden die sekunden
formen sie erst

kaum spürbar fließen
sie durch hände
die nicht greifen

kaum fühlbar lassen
sie uns zurück
ohne zeit
ohne

genug zeit

Anna Vodegel

Farbe

Und jetzt stand ich dort. Dieses farbenprächtige Haus vor mir.
Oh ja, es schien so grell mit seinen orangefarbenen Fensterrahmen, den
hellblauen Dachziegeln und den tausenden kleinen Graffitis, für die er
so bekannt war. Zwei kleine Engel grinsten mich hämisch vom Türrah-
men an. In meinen Augen aber war das ganze Haus nur grau. Leblos
und irreal. Die Engel nichts mehr als ein Zeugnis der Verschwendung
menschlicher Talente.
Meine Füße traten auf den Schotterweg, und das Geräusch schreckte
einige Krähen auf, die nichts tuend auf einer Buche gesessen hatten.
Meine Augen waren nur noch auf die Klingel gerichtet. Jan Schmidt. Etwas Besseres fällt euch auch nicht mehr ein.
Sekundenlang lag mein Finger nur auf dem grauen Knopf. Dann drückte
ich zu, wohl wissend, dass ich es bereuen würde. Wie so vieles. Nur
ein weiterer Fehler. Eingestehen würde ich ihn nicht. Ehrlichkeit, was
brachte sie uns schon in diesen Zeiten. Ich wartete. Stunden vielleicht.
Vielleicht nur fünf Minuten.

Verfahren kennenlernen

Bis die schweren Schritte eines alten Mannes auf Holzparkett an mein Ohr drangen. Das Klacken eines alten Türschlosses. Über den Boden schleifend öffnete die Tür sich langsam.

Ein grauer alter Mann in einer grauen Wohnung mit grauen Skulpturen und Gemälden guckte mich mit seinen grauen Augen lüstern an.

„Da bist du ja endlich mein Lieber!", keuchte er.

Ein irres Lächeln erschien auf seinem Gesicht und seine Hand wies mir hineinzukommen.

Kraftlos setzte ich ein Bein vor, und zitternd betrat ich das Haus.

In dem düsteren, erdrückenden Flur blieb ich stehen. Der Alte hob seine Hand und legte sie um mein Kinn. Die Tiefen seiner Augen musterten jede Pore meines Gesichts.

„Du hast dich prächtig entwickelt." Wie eines seiner Kunstobjekte schätzte er schon wieder meinen Wert. Sein flacher Atem stieß in mein Gesicht.

„…"

„Willst du etwas sagen? Du weißt doch, ich höre so schlecht!"

Dieser Verfall, dieser Ekel. Ich traute mich kaum zu atmen, und die Stellen, an denen er mein Gesicht berührt hatte, brannten immer noch.

„Ich brauche deine Hilfe." Leise brachte ich es hervor, aber er hatte es verstanden, wie alles, und guckte mich mit diesem vernichtenden, besserwisserischen, liebevollen Blick an.

„Was ist denn los?", keuchte seine leblose Stimme, während er mit einem Finger über meine Wange strich.

„Ich habe die Farben verloren …"

Kurz stockte er, und ich hoffte, sein kahler Kopf würde einfach von ihm abfallen und er würde im Boden versinken.

„Da bist du hier genau richtig. Guck dich nur um! Siehst du meine Gemälde? Siehst du die wunderbaren Farben?"

„Es ist alles grau!"

Ich hasste seine selbstgefällige Art und diesen stolzen Ton in seiner Stimme.

„Aber Junge …" Wieder dieses unechte Mitleid. Als ob ich dort wäre, um bemitleidet zu werden.

– Deine Kunst ist Schund. Das alles ist nichts als Dreck. Eins schlechter als das andere. Keines davon ist wahr. Gespielte Emotionen, gespielte Farben. Alles grau! – so hätte ich es gerne zu ihm gesagt, stattdessen kamen nur zwei Worte über meine Lippen und mit ihnen ein Schwall Tränen, der meine Augenlider durchbrach.

„Mama …

Tod!"

Seine Fassade bröckelte. Endlich sah ich seine leeren blauen Augen, als er hilflos an das schwere Buchenholzgeländer sackte. Zittrig stemmte sein Arm das leichte Gewicht seines abgemagerten Körpers.

„Wieso?", hauchte er, und sein Blick ging in die Ferne.

„Frag nicht mich!"

Ich drehte mich um und ging.

Direkt auf den blauen Himmel zu.

Isabel Wittland

Stummfilm

„Everybody, we can make a little break."

Stummfilm

Wir wissen nicht, was passiert.
Alle schweigen. Alles stumm.
Wir sind stumm zur Welt gekommen.

Stummfilm

Wo ist die Stimme?
Die stille Welt.
Sterne. Sonne. Mond.

Stummfilm

Leeres Laufen. Leere Hülle.
Die Welt ist stumm.
Leer und stumm.
Groß und gewaltig das Schweigen.

„Everybody, the break is over.
Let's do the next take."

Verfahren kennenlernen

6.6.2 Zuordnung von Themen zu Texten und Bildern

Bei den Zuordnungen handelt es sich um Anregungen ohne Anspruch auf Vollständigkeit. Texte und Bilder lassen sich zweifelsfrei auch anderen – und zusätzlichen – Themen-Kategorien zuordnen.

Begegnung mit (dem) Fremden
Melanie Babenhauserheide: Mimesis
Siegfried Baron: Moral
Robin Dietrich: Engel
Nora Gomringer: Mein.
Marvin Koltzsch: Anders
Ulrike Schönfelder-Hellwig: Der Weg ins Ungewisse
Ulrike Schönfelder-Hellwig: Flucht und Vertreibung
Ulrike Schönfelder-Hellwig: Frauen
Anna Vodegel: Farbe
Isabel Wittland: Stummfilm

Glaube / Zweifel
Melanie Babenhauserheide: Mimesis
Siegfried Baron: Gebet
Siegfried Baron: Geburt
Siegfried Baron: Gekreuzigt
Siegfried Baron: Moral
Siegfried Baron: Trösterin
Rudolf Bussmann: Ein Engel
Thomas Frahm: Versöhnung
Nora Gomringer: Daran sterbe ich jetzt aber sicher
Klaus Hansen: Säulenheiliger
Klaus Hansen: Segen
Gerhard Knollmann: Getragen
Gerhard Knollmann: Werdegang
Ulrike Schönfelder-Hellwig: Om – Worte des Berges V
Lea Stenzel: ein augenblick
Anna Vodegel: Farbe

Gottesbild
Siegfried Baron: Kreuzträger
Rudolf Bussmann: Über das Wunderbare
Robin Dietrich: Engel
Nora Gomringer: Mein.
Gerhard Knollmann: Getragen
Gerhard Knollmann: Hoffnung
Ulrike Schönfelder-Hellwig: Kreuzgang
Ulrike Schönfelder-Hellwig: Om – Worte des Berges V

Hoffnung
Melanie Babenhauserheide: „manchmal"
Melanie Babenhauserheide: Mimesis
Siegfried Baron: Gebet
Siegfried Baron: Geburt
Siegfried Baron: Moral
Rudolf Bussmann: Ein Engel
Rudolf Bussmann: Über das Wunderbare
Robin Dietrich: Engel
Thomas Frahm: Versöhnung
Thomas Frahm: www.wunder.htm
Nora Gomringer: Daran sterbe ich jetzt aber sicher
Klaus Hansen: Säulenheiliger
Klaus Hansen: Segen
Ann Christin Harmening: [ohne Titel]
Gerhard Knollmann: Hoffnung
Ulrike Schönfelder-Hellwig: Frauen
Ulrike Schönfelder-Hellwig: Om – Worte des Berges V
Lea Stenzel: ein augenblick
Anna Vodegel: Farbe
Isabel Wittland: Stummfilm

Jesus
Siegfried Baron: Gekreuzigt
Siegfried Baron: Kreuzträger
Siegfried Baron: Moral
Klaus Hansen: Säulenheilger
Klaus Hansen: Segen

Verfahren kennenlernen

Lebenswege

Melanie Babenhauserheide: „manchmal"
Melanie Babenhauserheide: Mimesis
Siegfried Baron: Geburt
Siegfried Baron: Kreuzträger
Rudolf Bussmann: Ein Engel
Robin Dietrich: Engel
Thomas Frahm: Versöhnung
Thomas Frahm: www.wunder.htm
Nora Gomringer: Daran sterbe ich jetzt aber sicher
Nora Gomringer: Mein.
Klaus Hansen: Segen
Gerhard Knollmann: Getragen
Gerhard Knollmann: In Ketten
Gerhard Knollmann: Werdegang
Marvin Koltzsch: Anders
Ulrike Schönfelder-Hellwig: Flucht und Vertreibung
Ulrike Schönfelder-Hellwig: Frauen
Ulrike Schönfelder-Hellwig: Der Weg ins Ungewisse
Ulrike Schönfelder-Hellwig: Jahresringe
Lea Stenzel: ein augenblick
Anna Vodegel: Farbe
Isabel Wittland: Stummfilm

Liebe

Siegfried Baron: Trauernde
Siegfried Baron: Trösterin
Robin Dietrich: Engel
Thomas Frahm: Versöhnung

Schöpfung / Natur

Melanie Babenhauserheide: Mimesis
Siegfried Baron: Löwenzahn
Ulrike Schönfelder-Hellwig: Jahresringe

Sterben / Tod

Melanie Babenhauserheide: Mimesis
Siegfried Baron: Gekreuzigt

Robin Dietrich: Engel
Nora Gomringer: Daran sterbe ich jetzt aber sicher
Ann Christin Harmening: [ohne Titel]
Gerhard Knollmann: Werdegang
Marvin Koltzsch: Anders
Ulrike Schönfelder-Hellwig: Flucht und Vertreibung
Ulrike Schönfelder-Hellwig: Jahresringe
Ulrike Schönfelder-Hellwig: Kreuzgang
Lea Stenzel: ein augenblick
Isabel Wittland: Stummfilm

Trauer
Siegfried Baron: Gebet
Siegfried Baron: Trauernde
Siegfried Baron: Trösterin
Ann Christin Harmening: [ohne Titel]
Isabel Wittland: Stummfilm

Versöhnung/Frieden
Melanie Babenhauserheide: Mimesis
Siegfried Baron: Geburt
Siegfried Baron: Löwenzahn
Siegfried Baron: Moral
Siegfried Baron: Trösterin
Robin Dietrich: Engel
Thomas Frahm: Versöhnung
Thomas Frahm: www.wunder.htm
Klaus Hansen: Segen
Gerhard Knollmann: Hoffnung
Ulrike Schönfelder-Hellwig: Flucht und Vertreibung
Ulrike Schönfelder-Hellwig: Frauen
Anna Vodegel: Farbe

6.6.3 Anmerkungen / Erläuterungen / Anregungen

Wir gehen nicht auf alle Texte und Bilder ein, sondern nur auf die, bei denen es uns als besonders wichtig erscheint. Vollständigkeit – zum Beispiel eine Interpretation – ist weder angestrebt noch möglich. Da Texte und Bilder nicht – im engeren Sinne – analysiert und interpretiert werden, sondern „nur" als Anregung für das eigene Schreiben dienen sollen, ist es völlig legitim, wenn Schüler sich auf – ihnen wichtige – Details konzentrieren; selbst wenn es nicht die sind, die den Künstlern besonders wichtig waren.

Aufgabenbeispiele
Mögliche Schreibaufgaben sind hier nur exemplarisch formuliert und müssen / können gegebenenfalls der konkreten „Vorlage" angepasst werden. Gelegentlich finden sich unten bei den Anmerkungen zu einzelnen Materialien weitere Anregungen.

Für Texte:
1. Setz dich mit dem Text auseinander, mach dir das Thema bewusst und halte die für dich wesentlichen Gedanken stichwortartig fest.
2. Schreib einen eigenen Text (Gedicht, Kurzprosa, Dialog), in dem du das Thema und für dich wesentliche Aspekte deiner „Vorlage" aufgreifst. Du kannst sie zum Beispiel bestätigen, ihnen widersprechen, sie weiterdenken.

Alternative für ein Gedicht:
Schreib zu dem Gedicht ein „Antwortgedicht". Du kannst den Ausgangstext bestätigen, ihm widersprechen, ihn weiterdenken oder variieren.

Alternative für einen Auszug aus einem Prosatext:
Bei dem Text handelt es sich um den Anfang / einen Auszug aus einer Geschichte, erzähl sie weiter. Denk daran, dass du berücksichtigen musst, was dir über Personen und Geschehen bekannt ist.

Alternative für einen abgeschlossenen Prosatext:
Der Verfasser hat die Geschichte für sich zu einem Abschluss gebracht, doch ist „das Leben" der Figuren damit nicht beendet. Erzähl weiter. Berücksichtige dabei, was über Personen und Geschehen bekannt ist.

Für Bilder:
1. Mach dir bewusst, was du auf dem Bild siehst.
2. Welche Stimmung vermittelt dir das Bild, welche Gefühle löst es bei dir aus?
3. Schreib ein Gedicht, einen kurzen erzählenden Text oder eine Spielszene zu dem Bild.

Alternative:
1. Mach dich mit dem Bild vertraut und gib ihm einen Titel.
2. Schreib, ausgehend von dem Bild, einen nicht beschreibenden Text (Gedicht, Erzählung, Spielszene) mit dem von dir gewählten Bildtitel als Überschrift.

Die Aufgaben sprechen wesentliche Elemente der Bildbetrachtung an. Betrachter werden sich zunächst fragen, was ein Bild zeigt. Über eine „objektive" Wahrnehmung hinaus „sendet" ein Bild aber auch emotionale Signale. Diese wird man sich zwar nicht vollständig bewusst machen können, sollte sich aber um eine bewusstere Wahrnehmung bemühen, um später nicht doch nur zu beschreiben. Beide Aufgaben sind als individuelle Auseinandersetzung mit dem Bild und Herangehensweise an das Bild gedacht. Sie sollten deshalb nicht in der Gruppe diskutiert werden. Eine Diskussion würde die individuelle Wahrnehmung auf ein „Ergebnis" begrenzen und damit auch die Gestaltungsmöglichkeiten einschränken. Ein Bild soll nur Anregung sein, so dass sich die Texte auch relativ weit davon entfernen könnten. Der unterrichtliche Kontext wird aber Bezüge aufrecht erhalten. Es wird sich vor allem die Frage stellen, wer auf den Bildern zu sehen ist, wie die Beziehungen zwischen den Figuren / Personen zu deuten sind, welcher Transfer in die außerbildliche Realität möglich ist, was zu der im Bild gezeigten Situation / Konstellation geführt hat, wie sich

Geschehen aus der im Bild gezeigten Situation/Konstellation weiterentwickelt.

Titel

Bildtitel sind auf der einen Seite eine Verständnishilfe, auf der anderen Seite besteht die Gefahr, dass sie (Wahrnehmung) zu stark lenken. Deswegen sollte beim Einsatz der Bilder im Unterricht möglichst auf die Nennung der Titel verzichtet werden, damit die Schüler wirklich nur auf die Bilder reagieren und nicht auf die Titel. Nachdem geschrieben wurde, „dürfen" die Schüler die Titel erfahren. Bei Texten kann entsprechend verfahren werden, da die Titel dort allerdings integrativer Bestandteil sind, tendieren wir dazu, sie nicht zu streichen.

Weiterschreiben

Das Weiterschreiben von Textauszügen/Texten ist eine gute Möglichkeit, sich mit einer Problematik auseinanderzusetzen. So sind bestimmte Bedingungen vorgegeben, die reflektiert werden müssen. Wichtig ist, dass die Schüler nicht „irgendwie" fortsetzen, sondern beachten, was über Geschehen und Personen bekannt ist.

Wenn Schüler Textauszüge zum Weiterschreiben erhalten haben, müssen sie anschließend die vollständigen Texte zur Verfügung gestellt bekommen. Schüler neigen dazu zu prüfen, ob sie die „richtige Lösung" gefunden haben, deshalb sollte ihnen von vornherein deutlich gesagt werden, dass es kein „richtig" oder „falsch" geben kann, sondern nur ein „stimmig/nachvollziehbar" oder „unplausibel/nicht nachvollziehbar".

Erläuterungen und mögliche Aufgabenkonkretisierungen

Melanie Babenhauserheide: „manchmal"
- Schreib ein Gedicht, das dem lyrischen Ich Mut macht.
- Setz das Gedicht nach Zeile 4 mit einer Aufforderung fort, die das lyrische Ich positiv auffasst.

Siegfried Baron: Gebet
- Schreib das Gebet dieser Frau.
- Was hat diese Frau erlebt, was hat sie in diese Situation gebracht? Schreib einen kurzen erzählenden Text.

Siegfried Baron: Geburt
Dieses Gedicht ist unseres Erachtens nur in der Sekundarstufe II
einsetzbar.

Siegfried Baron: Kreuzträger
– Schreib einen inneren Monolog Jesu auf dem Weg nach Golgatha. Woran erinnert er sich? Was erwartet er?

Siegfried Baron: Trauernde
– Schreib einen erzählenden Text, in dem die Frau Trost findet.

Rudolf Bussmann: Ein Engel
Im Religionsunterricht wird die Betrachtung der Form eines Textes zwar eine geringere Rolle spielen als z. B. im Deutschunterricht, trotzdem ist vielleicht interessant, was Rudolf Bussmann selbst dazu schreibt: „Der Text führt eine begrenzte Anzahl von Worten ein, mit denen er spielt, die im Verlauf des Schreibens wiederkehren und sich dabei in Form und Inhalt leicht verändern." – Vielleicht können Schüler diese Methode bei ihrer Arbeit aufgreifen, es sollte aber nicht verlangt werden.
– Erzähle eine Geschichte, die die Diskrepanz zwischen der Erwartung an den Engel und seinen tatsächlichen „Leistungen"/Möglichkeiten zeigt.
– Wofür brauchen wir „Engel"? Erzähl eine Geschichte.
– Erzähle die Geschichte eines „gefallenen Engels".

Robin Dietrich: Engel
– Erzähle von dem Leben des „Du".
– Schreib eine Antwort des „Du" auf die „Behauptungen" des Engels.

Thomas Frahm: www.wunder.htm
Dieses Gedicht ist unseres Erachtens nur in der Sekundarstufe II
einsetzbar.

Thomas Frahm: Versöhnung
Das Gedicht könnte bereits nach dem ersten oder zweiten Abschnitt „abgeschnitten" werden. Es kann auch gefragt werden, wie „alles weiter geht".

Nora Gomringer: Mein.
- Wähle dir eine der Bezeichnungen Gottes aus dem Gedicht aus, und erzähle eine Geschichte, in der deutlich wird, wie es zu dieser Benennung kam.
- Erzähle eine Geschichte, in der deutlich wird, dass Gott auch der Gott der … ist. – Hier bieten sich dann vor allem die Begriffe an, die eher ein Fernsein Gottes annehmen lassen könnten; z. B. „… der Mädchenorchester zu Propagandazwecken". (In diesem Fall müsste den Schülern erklärt werden, dass dieses Orchester 1943 im Konzentrationslager Auschwitz gegründet wurde.)

Klaus Hansen: Säulenheiliger
Hier wie auch bei anderen Bildern und Texten könnte die Perspektive vorgegeben werden, aus der geschrieben werden soll.

Interessant wird sein, ob die Schüler bemerken, dass die dargestellte Person durch die Säule recht weit vom „Volk" entfernt ist.

Ann Christin Harmening: [ohne Titel]
Der Text kann an verschiedenen Stellen unterbrochen werden, um ihn von den Schülern weitererzählen zu lassen; zum Beispiel nach „[…] ich will ihr echtes, richtiges gesicht sehen!'", „ich schließe die augen. warte.", „da mache ich die augen wieder auf, blinzle.", „großvater hält mich lange im arm."

Ebenso kann nach dem Ende weitererzählt oder die Perspektive des Großvaters eingenommen werden.

Gerhard Knollmann: Getragen / In Ketten
Bei beiden Bildern werden die Schüler zunächst für sich entscheiden müssen, welche Personen und Konstellationen durch die Spielsteine dargestellt werden. Der Transfer könnte als schwieriger als bei den meisten anderen Bildern angesehen werden, da der Spielraum deutlich größer ist.

Marvin Koltzsch: Anders
Der Text kann an verschiedenen Stellen unterbrochen werden, um ihn von den Schülern weitererzählen zu lassen; zum Beispiel

nach „[…] die haben anders zu sein als er.", „Ein bisschen neugierig macht es ihn schon.", „Wie kann ich anders sein als anders?"

Ebenso kann vor dem Schlusssatz „geschnitten" und mit dem Hinweis weitergeschrieben werden, dass im Original nur ein Satz folgt. Nach dem Ende könnte aus der Sicht eines Beobachters / einer Beobachterin weitererzählt werden.

Ulrike Schönfelder-Hellwig: Om – Worte des Berges V
Die Entstehungsgeschichte dieses Bildes ist vielleicht auch für Schüler interessant, weil sie zeigt, dass der Weg bei der Kooperation von Literatur und bildender Kunst auch umgekehrt gegangen werden kann. Das Bild stammt aus einer Serie von Arbeiten zu dem Gedicht *Om – Worte des Berges* von Siegfried Baron, das wiederum auf die Seligpreisungen in der Bergpredigt reagiert. Der Ausgangspunkt ist hier Matthäus 5, 7 („Selig sind die Barmherzigen, denn sie werden Barmherzigkeit erlangen."). Die entsprechende Strophe aus dem Gedicht von Siegfried Baron lautet „Glücklich, / die in den eigenen / und fremden bösen Worten / die Gebete hören, / die die Angst spricht, / ohne die Waage / des Gebotes, / aber mit der Gleichheit, / in der niemand gemieden wird / vom Tag / und von der Nacht."

Für die Unterrichtsarbeit muss der Bezug zur Bergpredigt nicht hergestellt werden. Er wäre Schülern vermutlich auch nur schwer zu vermitteln. Als religiöses Motiv (Engel, Engel mit Dornenkrone, Jesus mit Dornenkrone) werden sie das Bild aber sicher erkennen.

Auch wenn zumindest aufmerksame Comic-Leser dies wissen müssten, ist nicht damit zu rechen und für die Arbeit auch eigentlich nicht von Bedeutung, dass die Schüler erkennen, dass die Figur sich im Grunde auf einem Weg zurück befindet. In der westlichen Bildsprache ist – entsprechend der Lesebewegung – die Vorwärtsbewegung die von links nach rechts. Im japanischen Manga zum Beispiel ist das umgekehrt.

Anna Vodegel: Farbe
Der Text kann an verschiedenen Stellen unterbrochen werden, um ihn von den Schülern weitererzählen zu lassen; zum Beispiel nach „Meine Augen waren nur noch auf die Klingel gerichtet.",

„"Da bist du ja endlich mein Lieber."", „" Ich brauche deine Hilfe."",
„"Wieso?', hauchte er und sein Blick ging in die Ferne."
Ebenso kann nach dem Ende weitererzählt werden.

Isabel Wittland: Stummfilm
– Schreib einen Text, der auf die Frage „Wo ist die Stimme?" ant-
  wortet.
– Wie geht es nach der letzten Gedichtzeile weiter?
– Antworte dem Gedicht mit einem Text unter dem Titel „Ton-
  film".

6.7 Kooperative Schreibverfahren

Schüler mit eher geringer Schreiberfahrung möchten beim kreativen Arbeiten oft gern in Partner- oder Gruppenarbeit „fliehen",
doch sollte dies nur in einem klar vorgegebenen Rahmen zugelassen werden. Gerade bei den im Religionsunterricht zu the-
matisierenden Fragestellungen geht es ja auch um das Formulieren eigener Sichtweisen, um das Finden einer eigenen Position,
also um individuelle „Lösungen". Die können / müssen dann natürlich in Dialog mit denen der Mitschüler treten, sollten das aber
nicht von vornherein schon beim Entstehen eines Textes tun.

„Ausnahmen" können mit literarischen Formen gemacht werden, die auf Austausch bzw. Kooperation angelegt sind: Dialog /
szenisches Spiel, „E-Mail-Roman", Tanka und Renga. Eine Erwei-
terung, Intensivierung des Einsatzes kooperativer Schreib- / Arbeitsverfahren in Richtung Hörspiel oder Film erscheint nur in
Zusammenarbeit mit den Fächern *Darstellendes Spiel* oder *Literatur* möglich.

Manches von dem, was wir hier vorschlagen, lässt sich vielleicht in den engen Grenzen des Unterrichtsalltags nicht ohne
Weiteres umsetzen, aber sicher kann es Chancen zur Realisie-
rung im Rahmen von Projekttagen geben.

Dialog / szenisches Spiel
In Bühnenstücken reden und handeln (in der Regel) mehrere Personen, und auch sonst sind Dialoge auf Gedankenaustausch von

mindestens zwei Menschen angelegt. Damit eignen sie sich sehr gut für kooperatives Schreiben. Denkbar, jedoch nicht im Sinne dieses Ansatzes ist es, dass zwei oder mehrere Schreiber den Dialog bzw. die Spielszene gemeinsam entwickeln. Eigentlich sollte es jedoch eine klare „Rollenverteilung" geben. Zunächst muss zwar kurz geklärt werden, wer mit wem in welcher Situation über welches Thema diskutiert, doch dann sollte jede/r Beteiligte nur den jeweils eigenen Part formulieren. Die Ausgangsbedingungen können vorgegeben bzw. gemeinsam von der Klasse / dem Kurs entwickelt werden, was die Vergleichbarkeit der Ergebnisse verbessern würde. Dann schreibt ein Schüler den Gesprächsbeginn auf, gibt diesen weiter, erhält eine Antwort und so fort. Auf diesem Weg lassen sich unterschiedliche Positionen zu kontroversen Fragestellungen entwickeln und auf ihre Tragfähigkeit hin überprüfen. Das ist zwangsläufig schwieriger für jemanden, der eine Position vertreten muss, die nicht die eigene ist, aber auf der anderen Seite ist gerade das eine gute Übung. Sinnvoll ist ein solches Schreibverfahren nur, wenn kontroverse Fragestellungen thematisiert werden. Es wäre wenig ergiebig, wenn sich die am „Gespräch" Beteiligten von Beginn an gegenseitig bestätigen würden, dass sie einer Meinung sind.

In der Regel wird die Unterrichtszeit nicht ausreichen, um einen solchen Dialog für die Präsentation als Spielszene vorzubereiten, für eine mögliche außerunterrichtliche Präsentation ist das jedoch sicher die attraktivere Lösung.

Zur Konkretisierung dieses Schreibverfahrens hier beispielhaft einige Situationsskizzen (vgl. auch die Beispiele aus dem Kompetenzpapier des Comenius Instituts – Anforderungssituationen in Kap. 4, S. 22 f.)

– Ein vierzehnjähriger/s Junge / Mädchen unterhält sich kurz vor der Konfirmation mit einem Freund / einer Freundin, der/ die nicht konfirmiert wird.
– Nach dem Tod ihres dreijährigen Kindes spricht eine Mutter (ein Elternpaar) zur Vorbereitung der Beerdigung mit dem Pfarrer. Die Frau äußert Zweifel an Gott.
– Nach dem letzten Abendmahl (Matthäus 26, Markus 14, Lukas 22, Johannes 13) geht Judas auf Jesus zu, um mit ihm darüber zu sprechen, dass er ihn verraten wird.

Verfahren kennenlernen

Da der Wortlaut der Evangelien nicht identisch ist, ist es angebracht, den Text-Bezug zu konkretisieren. Weitere Vorgaben sollten nicht gemacht werden, die Schüler sollten selbst erkennen, dass es darum gehen muss, mögliche Motive des Judas zu reflektieren.

- Ein heutiger Jugendlicher trifft nach einer Reise mit einer Zeitmaschine den Reformator Martin Luther – ob ein konkretes Jahr für das Treffen festgelegt wird, hängt von der jeweiligen Unterrichtssituation ab – und kommt mit ihm über die Gedanken der Reformation und kirchliches Leben heute ins Gespräch.
- Im Traum begegnet ein Kind Jesus und fragt ihn all die Dinge, die es schon immer zum Thema „Glauben" wissen wollte.
- Ein muslimischer und ein christlicher Schüler diskutieren darüber, welche Religion Recht hat / wer Jesus ist / wie Glauben weitergegeben werden darf.
- Ein Jugendarbeiter der evangelischen Gemeinde begründet gegenüber anderen Jugendlichen, warum er sich in der Kirche engagiert, und was Religion ihm bringt.

„E-Mail-Roman"

Das Schreiben von Dialogen / Spielszenen eignet sich für enger eingrenzbare Themenstellungen und für zeitlich begrenztes Arbeiten während des Unterrichts. Als längeres, unterrichtsbegleitendes Projekt (auch für eine größere Gruppe) ist das Schreiben eines E-Mail-Romans vorstellbar. Ein Brief-Roman wie Goethes *Werther* würde den heutigen Kommunikationsgewohnheiten nicht mehr gerecht. Allerdings sollte diesen auch nicht völlig „nachgegeben" werden, da die Sprache und die „normale" Textmenge von Chats oder SMS der Komplexität religiöser Fragestellungen kaum gerecht werden dürften. Auf E-Mail als Medium muss allerdings verzichtet werden, wenn nicht alle Beteiligten über einen E-Mail-Zugang verfügen. Dann müssten alle verpflichtet werden, konventionelle Briefe zu schreiben, um niemanden auszugrenzen. Um diese Ausgrenzung nicht auf anderem Wege zu provozieren („deinetwegen können wir jetzt nicht mit E-Mails arbeiten!"), sollte der Lehrer im Vorfeld – also ohne dass der Hintergrund erkennbar ist – feststellen, ob alle Schüler über die entsprechende Ausstattung verfügen bzw. in der Schule einen Zugang haben. Falls nicht, sollte der „Briefroman" als Form aber nicht in Frage gestellt werden.

Am Beginn der Arbeit müssen für alle Gruppenmitglieder kurze „Biographien" konzipiert werden, damit sie wissen, als wer sie während des Projektes schreiben. Es ist möglich, dass jeder Teilnehmer für sich selbst eine Figur entwirft, es ist aber auch vorstellbar, dass die Figuren zugelost werden. Bevor der „Roman" begonnen werden kann, muss festgelegt werden, welche Beziehungen zwischen der Personen bestehen: Wer kennt wen woher und wie gut? Wer mit dem Schreiben beginnt (und wie viele Gruppenmitglieder) kann vom Thema abhängen. Die entstandenen E-Mails werden nur an die jeweiligen fiktiven Figuren verschickt, nicht an alle Gruppenmitglieder. Wer wem was berichtet (und über wen) und wie sich Wege eventuell kreuzen, wird sich während der Arbeit zeigen.

Damit aus der Vielzahl einzelner E-Mails dann wirklich ein „Roman" wird, muss allerdings ein Gruppenmitglied (gegebenenfalls zwei; eventuell nur als „Spielleiter", die keine eigenen Beiträge schreiben) alle Texte erhalten und „montieren". Das sollte dann ein Vorschlag sein, den die ganze Gruppe nach Abschluss des Projektes verändern kann.

Ein Beispiel, bei dem die E-Mails einer Gruppe Jugendlicher verarbeitet werden, bietet Christiane Thiel, Mein Gott und ich – Ein Roman über die Weltreligionen. Würzburg 2009, 210 Seiten:

„Ich will wissen, wie andere Religionen über Gott denken und wie die das machen."

Diese und viele andere Gründe geben Jugendliche der „Clique von der Tischtennisplatte" in ihren Fragebögen an. Sie alle wollen den im Internet ausgeschriebenen Wettbewerb „Denk weiter! Leb anders!" gewinnen und dadurch die Gelegenheit bekommen, eine Woche in einer der ausgewählten neun Familien unterschiedlicher Religionen zu leben. Die einen wollen damit ihren eigenen Familien entkommen, die anderen erhoffen sich, andere Religionen besser kennenzulernen oder einen Weg zu ihrem persönlichen Glauben zu finden. Alle aber suchen Antworten auf ihre Fragen, die sie schon lange beschäftigen oder die aufkommen, indem sie sich mit dem Projekt näher befassen.

Diese Unterschiede und die vielfältigen Beweggründe, warum die Cliquen-Mitglieder an dem Wettbewerb teilnehmen wollen, veranlasst die Gruppe von „Denk weiter! Leb anders!", alle neun Jugendlichen gewinnen zu lassen. Jede/r von Ihnen bekommt eine Familie zugewiesen, in der sie/er eine Woche lang leben wird. Sie alle haben die Aufgabe, jeden Tag über ihre Erlebnisse in den Familien zu berichten. Dazu steht ihnen ein Blog zur Verfügung, in dem sie sich in Foren miteinander austauschen können. Dieser Blog ist öffentlich zugänglich, sodass auch Andere lesen können, was die Jugendlichen in ihren Gastfamilien erleben, was sie über deren Religionen erfahren und lernen, welche Fragen sie beschäftigen, was sie fasziniert und woran sie zweifeln.

Eine andere Möglichkeit, an einem gemeinsamen Produkt zu arbeiten, ist z. B., an verschiedenen Stellen einer Lektüre Tagebucheinträge schreiben zu lassen. Diese Einträge ergeben zusammen mit einer kurzen inhaltlichen Einführung einen Tagebuchroman, der z. B. für Eltern vorgetragen werden kann. Gute Erfahrungen gibt es hierzu mit *Gudrun Pausewang, Ich habe Hunger, ich habe Durst* zum Thema „Armut".

Denkbar wäre auch, dass die Apostel während ihrer Missionsreisen Kontakt zueinander halten und sich über die Probleme austauschen.

Tanka und Renga

Tanka und Renga stammen wie das Haiku (siehe 6.8; hier auch einige weitere grundsätzliche Überlegungen) aus der literarischen Tradition Japans. Diese Formen werden zwar auch – wie inzwischen ebenso in „westlichen" Literaturen – von einzelnen Schriftstellern verwendet, sind aber seit Jahrhunderten Bestandteile der literarischen Geselligkeit gebildeter Laien. Beide sind auf Austausch / Dialog im Rahmen fester Regeln ausgelegt und im Unterricht auch ohne Kenntnis der kulturellen, philosophischen Hintergründe Japans einsetzbar.

Das Tanka besteht aus fünf Zeilen mit 5-7-5-7-7 Silben. Der erste Schreiber schreibt die ersten drei Zeilen, der zweite die vierte und fünfte als Ergänzung, Antwort, Kommentar, Abschluss. Aus dem Bemühen heraus, die ersten drei Zeilen so zu perfektionieren, dass eine Ergänzung / Antwort nicht mehr möglich war, entstand das Haiku.

Es gibt jemanden
auf den so viel Verlass ist
wie man sich es wünscht
Wenn es ihn wirklich gäbe –
warum gibt er kein Zeichen?

Stefan Kespohl, Rabea Usling

Zwar ist unser Beispiel für ein siebenzeiliges Renga unten nur von einer Verfasserin geschrieben worden, aber es eignet sich für drei Personen (fünf Zeilen mit 7-7 / 5-7-5 / 7-7 Silben). Das Beispiel zeigt auch, dass gelungene Texte nicht zwingend auf Deutsch geschrieben werden müssen. Wenn das Fundament aus dem Fremdsprachenunterricht dies möglich macht, sollten fremdsprachige Texte zugelassen werden.

Seeing the cross where you died.
Trying to believe in you.
Am feeling locked up.
Inside myself: labyrinth. –
Try, find me the key!
Behind the door: a secret.
Try to find you inside me.

Rabea Usling

6.8 Kreatives Schreiben an außerschulischen Lernorten

(Kreatives) Schreiben wird zwar in erster Linie am (heimischen) Schreibtisch oder PC / Notebook stattfinden, doch lässt sich der Zugang zu manchen Themen sicher unmittelbarer finden, wenn der Arbeits- / Lernort gewechselt wird.

Was spricht zum Beispiel dagegen, sich dem Thema „Sterben / Tod" auf einem Friedhof zu nähern, oder eine Kirche aufzusuchen, um sich davon anregen zu lassen, mit welcher Form von Architektur beispielsweise sich die Menschen Gott nähern? Und in Kirchen finden sich Bilder, Skulpturen, die zur Auseinandersetzung anregen (siehe 6.3), als Originale, so dass nicht nur auf Reproduktionen zurückgegriffen werden muss.

Aufgabenstellungen müssen logischerweise auf den jeweils spezifischen Raum zugeschnitten werden. Zur Veranschaulichung möchten wir hier aber vier Aufgabenbeispiele dokumentieren, die auch ohne Kenntnis des konkreten Kirchenraums nachvollziehbar sein dürften:

- Stell dir vor, die Tiere auf dem Kirchenfenster am Taufbecken überbringen einem Täufling ihre Wünsche. Schreibe diese Wünsche auf (mindestens einen für jede Tierart).
- Stell dir vor, die Bildtafeln, die das Kreuz hinter dem Altar bilden, sollen durch Texttafeln ersetzt werden. Gestalte den Text für eine dieser Tafeln. Dabei geht es nicht (!) darum, eine der Bildtafeln zu beschreiben.
- Das Fensterbild links vom Altar zeigt unter anderem Jesus als Menschenfischer. Such dir eine der Figuren in seinem Netz aus. Überleg dir, welche Gefühle Körperhaltung und/oder Gesichtsausdruck wiedergeben, und schreib die Gedanken dieser Person auf.
- Der Architekt/Bildhauer hat sich Gedanken gemacht, warum er die Kanzel/den Altar/die Form des Kirchenschiffes/das Taufbecken so gemacht/gebaut haben wollte. Schreibe seine Begründung auf! Ein Kirchenmitglied übt Kritik in einem Leserbrief in der Kirchenzeitung.

Während Kirchen leicht zu erreichen sind, da es sie in (nahezu) jedem Ort gibt, ist das mit Museen nicht ganz so einfach. Interessant ist deren Besuch im Rahmen des Religionsunterrichts aber sicher auch. Und dabei müssen es nicht ausschließlich Museen oder Ausstellungen sein, die ausdrücklich religiöse Kunst präsentieren.

Kirchen oder Museen ermöglichen in aller Regel nur den Kontakt mit Bildern, Skulpturen oder Architektur, nicht aber den mit den Schöpfern dieser Werke. Dass Menschen hinter den Bildern oder Skulpturen stehen, ist häufig nicht wirklich im Bewusstsein der Schüler. Aber Künstler leben nicht „auf einem anderen Stern", sondern oft in der Nähe. Und viele Künstler erklären sich gern zu einem Atelierbesuch und einem Werkstattgespräch bereit. (Dazu ein kurzer Hinweis: Bildende Künstler können nur in den seltensten Fällen von ihrer künstlerischen Arbeit leben. Deshalb sollte es selbstverständlich sein, ein Honorar zumindest anzubieten.)

Die literarische „Befragung" des konkreten eigenen Umfelds bedeutet vielleicht zusätzliche Motivation. Fragen zu Schöpfung / Natur erhalten vermutlich andere Antworten, wenn ich nach draußen gehe. Das Verlassen des Schulgebäudes ermöglicht ganz andere Formen des Zugangs zu manchen Themen.

Das Schreiben „vor Ort" bietet neue Chancen der Sensibilisierung von Wahrnehmung. Die Generation heutiger Kinder und Jugendlicher ist noch wesentlich stärker durch audiovisuelle Medien sozialisiert als die ihrer Eltern und (zum Teil noch älteren) Lehrer, wobei schon das bewusste Hören hinter dem Sehen zurücktritt; und Sehen bedeutet ja nicht einmal zwingend Bemerken, Wahrnehmen. Schülern ist häufig nicht bewusst, dass Holz, Metall, Kunststoff, Glas sich – selbst bei gleicher Oberflächenstruktur – unterschiedlich anfühlen, Wärme unterschiedlich aufnehmen und abgeben. Mit geschlossenen Augen können sie Materialien, Geräusche, Gerüche oft nicht identifizieren. Die ganz unterschiedliche Oberflächenstruktur zum Beispiel von Baumrinden scheint ihnen oft erst bewusst zu werden, wenn sie ein Stück in den Händen halten oder Baumstämme mit verbundenen Augen betasten. Schüler können im Klassenraum für bewussteren Einsatz aller Sinnesorgane „trainiert" werden. Eine Materialkiste für eine solche „Trainingseinheit", bei der die Schüler mit geschlossenen Augen im Kreis sitzen, lässt sich schnell mit verschiedenen Hölzern, Stoffen, Federn, Kerzen, Tabak, Blüten etc. füllen.

Für das kreative Schreiben lässt sich dies sowohl innerhalb als auch außerhalb von Räumen nutzen. Die Schüler sollen sich dann – mit möglichst viel Abstand voneinander – einen Platz suchen, an den sie sich mehrere Minuten mit geschlossenen Augen setzen. Sie sollen darauf achten, was sie hören, riechen und mit Gesäß, Rücken, Händen fühlen. Anschließend schreiben sie zunächst stichwortartig diese Wahrnehmungen auf und verdichten das Ganze (beziehungsweise Wesentliches) zu einem Gedicht oder einem kurzen Prosatext. Es wird sich zeigen, dass sie den jeweiligen Platz ganz anders darstellen, als wenn sie dort mit offenen Augen gesessen hätten.

Werden z.B. Jahreszeiten kreativ verarbeitet, gibt es gute Erfahrungen, Briefe an Wüstenbewohner oder Bewohner am Nordpol schreiben zu lassen, die Jahreszeiten in unserem Sinne eben nicht kennen. Wenn solche Texte dann verdichtet werden (Schlüsselwörter und dichte Formulierungen heraussuchen, „Unwichtiges" schwärzen) können daraus sehr anschaulich Gedichte entstehen, die sinnliche Wahrnehmung konzentrieren.

Haiku

Bewusstes Wahrnehmen, genaues Beobachten und konzentriertes, präzises Formulieren sind Grundvoraussetzung für das Schreiben von Haiku, einer aus Japan stammenden Form der Naturlyrik, oder Tanka und Renga (siehe 6.7). Und da Haiku in ihrem Ursprung Naturgedichte sind, eignen sie sich besonders für das Thema Schöpfung / Natur. Sie haben sich jedoch in „westlichen" Kulturen von der inhaltlichen Vorgabe gelöst und befassen sich auch mit anderen Themen.

Das Haiku besteht aus drei Zeilen mit 5-7-5 Silben. Haiku haben keine Titel, reimen sich nicht, und die „passende" Zeilenlänge darf nicht durch Worttrennung erreicht werden. Es ist auch nicht angebracht, einen beliebigen siebzehnsilbigen Satz entsprechend zu trennen, ohne durchdachte Zeilenstruktur. Ein so kurzes Gedicht kann keine Geschichten erzählen, sondern nur (genaue) Beobachtungen festhalten und reflektieren. Bei strenger Orientierung am japanischen „Modell" bezieht sich die erste Zeile auf etwas Gegenständliches aus der Natur (möglichst mit Jahreszeitenbezug, was allerdings nicht heißt, dass die Jahreszeit genannt wird), die zweite Zeile bettet das in Zeile eins Genannte in ein konkretes Geschehen ein, das in der dritten Zeile eine Verallgemeinerung erfahren soll.

Haiku lassen sich gerade wegen ihrer Kürze gut „vor Ort" schreiben.

> Der Wind jagt ein Blatt
> Ich sehe stumm zu, frage:
> Wann bin ich das Blatt?
>
> *Rabea Usling*

Brief an eine/n Tote/n

Einen anschaulichen Zugang zum Thema „Tod" ermöglicht der Besuch eines Friedhofs. Grabstätten teilen den Besuchern – oft allerdings nur im Rahmen relativ rigider Normierung – etwas über die Toten und das Verhältnis der Hinterbliebenen zu ihnen mit. Und die Schüler? Sie können sich ein Grab aussuchen, das sie – wodurch / weshalb auch immer – besonders beeindruckt / interessiert und einen „Brief an eine/n Tote/n" schreiben. Das ermöglicht ihnen eine emotionale Beschäftigung mit Sterben und Tod, ohne dass sie – im Regelfall – ganz persönlich betroffen wären.

Brief an meinen verstorbenen Opa, den ich nie kennenlernen konnte

Lieber Opa,

Zeiten ändern sich, wir treffen neue Menschen oder sehen plötzlich Menschen, die wir schon lange vergessen hatten, dich jedoch werde ich nie sehen können, nie mit dir reden können. Dein Leben endete, bevor wir uns gesehen haben. Du hast mich gesehen, auf Bildern, kurz nach meiner Geburt, als auch du im Krankenhaus lagst und deine letzte Reise in Aussicht stand.

So gerne hätte ich dich getroffen, gesehen, was für ein Mensch du warst. Ich kenne dich nur von wenigen Bildern und Papas Erzählungen. Er erzählt immer voller Stolz von dir, auch wenn er nicht oft von dir spricht.

Doch das, was ich begriffen habe, ist, dass deine Zeit viel zu früh gekommen ist, aber auch, dass du in den Gedanken und in den Herzen der Menschen, die dich kannten, weiterlebst auf ewig.

Dominic

Dominic Beckendorf

7. Beurteilungs- und Benotungsverfahren

7.1 Auch kreatives Schreiben kann / darf / muss man benoten

Beim kreativen Schreiben im Religionsunterricht geht es in erster Linie darum, den Schülern einen anderen als den analytischen Weg zur Auseinandersetzung mit religiösen Fragestellungen zu zeigen. In zweiter Linie geht es darum, ihnen zu guten Texten zu verhelfen, und erst in dritter um Zeugnisse. So heißt Beurteilung nicht in erster Linie Benotung (siehe 5.3), schließt diese aber nicht von vornherein aus, schließlich müssen Kunstlehrer Bilder auch benoten. Und Schüler, die ein gutes Gedicht, eine interessante Geschichte schreiben, sollten den gleichen Anspruch auf Anerkennung durch eine entsprechende Benotung haben wie diejenigen, die Texte gut interpretieren. (Abgesehen davon: Wie viel Unterrichtszeit können Lehrer, realistisch betrachtet, auf Projekte verwenden, die sie nicht benoten. Und natürlich hinterlässt auch solche Arbeit Eindrücke, die sonst vielleicht eher unbewusst in die Zeugnisnote einfließen; also sollte man besser offen damit umgehen. Leider muss man wohl auch fragen, wie ernst Schüler Aufgaben nehmen, wenn klar ist, dass sie nicht benotet werden.)

In erster Linie ist Benotung auch beim kreativen Arbeiten eine Frage der Kriterien – und damit auch der unterrichtlichen Vorgaben. Es macht natürlich keinen Sinn, nur zu sagen: „Schreibt ein Gedicht." Das ließe die Schüler dann doch reichlich hilflos zurück. Wird aber ein klarer formaler oder inhaltlicher Rahmen vorgegeben, haben alle Beteiligten (auch die Lehrer) die notwendige Orientierung. Vielleicht ist die Erfahrung „beruhigend", dass viele Schüler beim kreativen Schreiben Ergebnisse liefern, deren Qualität zum Teil deutlich über sonst gezeigten Leistungen liegt. Voraussetzung ist allerdings die Bereitschaft, sich ernsthaft auf das Unterrichtsangebot einzulassen. Die Standard-Reaktion: „Das kann ich sowieso nicht!" sollten Lehrer beim kreativen

Schreiben ebenso wenig akzeptieren, wie sie es sonst tun. Die Schüler können nur positiv überrascht werden.

7.2 Mögliche Kriterien der Benotung – mit Bewertungsbögen

Wie sieht es also jenseits von Beratung mit Benotung aus? Was kann benotet werden?

Einige wichtige Aspekte / Kriterien lassen sich aus dem in 5.3 zur Beratung Gesagten ableiten. Darüber hinaus sind zu nennen:
- Themenbezug,
- Klarheit der Aussage,
- formale Schlüssigkeit,
- Eigenständigkeit, Originalität.

Dabei muss bedacht werden, dass gerade dies zwangsläufig sehr relative Kriterien sind, wenn man auf einem Fundament von mindestens 5.000 Jahren Kultur steht. Etwas wirklich Neues zu schaffen, ist schon längst nicht mehr möglich (und wurde auch erst in der Kunst des 20. Jahrhunderts ein positives Bewertungskriterium). Gerade für Schüler kann es nur um einen möglichst (!) individuellen Zugriff gehen. Negativ zu sanktionieren wären allerdings offensichtliche Kopien, Plagiate, wie sie im Zeitalter der schnellen www-Bedienung nur allzu oft vorkommen.

Allerdings ist zu beobachten – und zu akzeptieren –, dass Jugendliche sich in ihrer Entwicklung, pauschalierend gesagt, durch die Literaturgeschichte arbeiten. Sie müssen jedoch lernen – und auch akzeptieren –, dass heute z. B. nicht mehr wie zur Zeit der Romantik geschrieben werden kann. Was im 18. Jahrhundert neu und originell war, ist heute nur noch kitschig. Umgekehrt sollte allerdings auch nicht erwartet werden, dass Schüler bei der kreativen Auseinandersetzung mit biblischen Texten versuchen, z. B. den biblischen Sprachduktus nachzuahmen.

Wichtig ist, dass die Benotungskriterien im Vorfeld deutlich gemacht werden. Dabei kann natürlich letztlich nicht benotet werden, was der Lehrer konkret geraten hat. Von daher ist zu empfehlen, bei der individuellen Betreuung nur Hinweise zu geben, aber keine „Lösungen" anzubieten.

Die Benotung darf genauso wenig „aus dem Bauch heraus" erfolgen, wie es das kreative Schreiben soll. Um Transparenz zu schaffen, sind in den weiterführenden Schulen Bewertungsbögen inzwischen ja nicht mehr ungewöhnlich. Auch für die Benotung literarischer Schüler-Texte sind sie einsetzbar. Das muss nicht bei jeder Aufgabe geschehen und es kann nicht ein Muster geben, das durchgängig verwendbar ist. Wir stellen deshalb hier zur Orientierung drei Beispiele vor, die jeweils den konkreten Bedingungen angepasst werden müssen. Dabei ist der Bewertungsbogen „Schreiben zu einer Themenvorlage" exemplarisch für Gedichte konzipiert worden; für Prosatexte in diesem Bereich müsste – entsprechend modifiziert – einer der beiden anderen verwendet werden.

Bei der Arbeit mit den Bewertungsbögen sollte es selbstverständlich sein, sich nicht nur auf Punktevergabe zu beschränken, sondern zumindest da, wo diese nicht „selbsterklärend" ist, „Ergänzende Hinweise" in Textform zu geben. Das gilt in besonderem Maße für die unteren Jahrgänge der Sekundarstufe I.

Grundsätzlich ließen sich die Kriterien weiter ausdifferenzieren (z. B. „Du hast überzeugend mit Dialogen gearbeitet.", „Du hast überzeugend mit/ohne Reim gearbeitet."), doch würde das Schüler beim Schreiben und Lehrer beim Benoten zu sehr binden und einengen.

Da bei Lyrik Formentscheidungen eine zentrale Rolle spielen, muss der Bereich „Darstellungsleistung" bei Gedichten anders definiert und deutlich stärker gewichtet werden als bei erzählenden Texten (siehe Bewertungsbogen „Schreiben zu einer Themenvorgabe").

Wo bleiben die theologischen Kriterien?

Dass die inhaltliche Leistung je nach Thema auch hinsichtlich theologischer Kriterien zugespitzt werde muss (siehe S. 29 ff.) im Sinne einer gedanklichen Durchdringung, Reflexion und Überprüfung, also der denkenden Rechenschaft über den christlichen Glauben, muss entsprechend individuell eingebracht werden. Nur wenn in einem kreativen Artefakt ein Prozess der Verarbeitung und Reflexion von theologischen Fragen im weitesten Sinn nachweisbar wird, ist es ein für den Religionsunterricht gutes und damit bewertbares Produkt. Eine solche „Meta-Ebene" lässt sich formalisiert durch Konsistenz, Abstraktion, die Verwendung von Fundamentalkategorien, die Herstellung von Bezügen zur Tradition und zu vorliegenden theologischen Sprachbildern sowie die Integration der Aussagen in kohärente, übergeordnete theologische Systeme erkennen. Der inhaltliche Bezug zum (christlichen) Glauben muss hergestellt werden, sei es durch Zustimmung oder Ablehnung. Es muss dann je nach thematischer Vorgabe individuell das Bewertungsraster verändert werden.

Die notwendigen Konkretisierungen sollten Lehrer und Schüler nicht zu sehr binden, deshalb empfiehlt sich oft ein „z. B.", mit dem das Spektrum möglicher Aspekte skizziert, aber offen gehalten wird.

Wie die Bilder stehen auch die Bewertungsbögen – in einer veränderbaren Version – unter www.v-r-schule.de direkt beim Buchtitel zum Download für die Unterrichtsarbeit zur Verfügung.

Bewertungsbogen
„Schreiben zu einer Textvorlage"

Name: _____   Klasse: _____

Textvorlage: _____

a) inhaltliche Leistung

Anforderungen	Lösungsqualität	
Du hast ...	*max.*	*Punkte*
... einen nachvollziehbaren Einstieg / Anschluss gewählt.	5	
... die Textvorlage angemessen berücksichtigt (Vorwissen, Stimmigkeit der „Anschlüsse").	5	
... dich gut in das Thema und in die handelnden Figuren hineingedacht und so Theologie als gedanklichen Durchdringung, Reflexion und Überprüfung, also als denkenden Rechenschaft über den christlichen Glauben umgesetzt.	12	
... eigenständige Ideen entwickelt.	8	
... einen für die Leser/innen interessanten Text gestaltet.	8	
... anschaulich, einleuchtend und glaubwürdig formuliert (z. B. Handlung, Gefühle, Sprache).	14	
... deine Geschichte zu einem plausiblen Schluss geführt und eine Aussage formuliert, die Interesse weckt, das Thema weiterzudenken.	8	
Summe inhaltliche Leistung	60	

b) Darstellungsleistung

Anforderungen	Lösungsqualität	
	max.	*Punkte*
Du hast die Anforderungen der Textsorte beachtet.	4	
Deine Wortwahl ist – sowohl im Erzähltext als auch in der direkten Rede – treffend, anschaulich und situationsgerecht.	6	
Du hast deinen Erzähltext schlüssig, stringent und gedanklich klar strukturiert.	6	
Du hast Verstöße gegen die Sprachnorm vermieden.	4	
Summe Darstellungsleistung	**20**	

Summe inhaltliche Leistung	60	
Summe Darstellungsleitung	20	
Summe insgesamt	**80**	

Ergänzende Hinweise:

_____

_____

Dein Beitrag wird mit der Note: _____ bewertet.

_____ , den _____

Bewertungsgrundlage Sekundarstufe I:

Notenstufe		Für die jeweilige Notenstufe zu erbringende Leistung in Prozent	Punktwerte
sehr gut	1	87–100%	70–80
gut	2	73–86%	58–69
befriedigend	3	59–72%	47–57
ausreichend	4	45–58%	36–46
mangelhaft	5	18–44%	14–35

Bewertungsgrundlage Sekundarstufe II (im Bewertungsbogen sollte von „Du hast …" auf „Sie haben …" umformuliert werden):

Notenstufe		Für die jeweilige Notenstufe zu erbringende Leistung in Prozent	Punktwerte
sehr gut (+)	1+	95–100%	76–80
sehr gut	1	90–94%	72–75
sehr gut (-)	1-	85–89%	68–71
gut (+)	2+	80–84%	64–67
gut	2	75–79%	60–63
gut (-)	2-	70–74%	56–59
befriedigend (+)	3+	65–69%	52–55
befriedigend	3	60–64%	48–51
befriedigend (-)	3-	55–59%	44–47
ausreichend (+)	4+	50–54%	40–43
ausreichend	4	45–49%	36–39
ausreichend (-)	4-	39–44%	31–35
mangelhaft (+)	5+	33–38%	24–30
mangelhaft	5	27–32%	22–25
mangelhaft (-)	5-	20–26%	16–21

Bewertungsbogen
„Schreiben zu einer Bildvorlage"

Name: _____ Klasse: _____

Bildvorlage: _____

a) inhaltliche Leistung

Anforderungen	Lösungsqualität	
Du hast ...	*max.*	*Punkte*
... einen Interesse weckenden Beginn entworfen.	5	
... den Bezug zum Bild nicht aus den Augen verloren (Atmosphäre, Figuren).	5	
... dich gut in die handelnden Figuren hineingedacht.	8	
... eigenständige, theologisch relevante Ideen entwickelt.	8	
... eine für die Leser/innen interessante Geschichte entwickelt, die die theologische Idee aufgreift.	12	
... anschaulich, einleuchtend und glaubwürdig erzählt (Handlung, Gefühle, Sprache).	14	
... deine Geschichte zu einem plausiblen Schluss geführt, der Interesse weckt, die Geschichte / das Thema weiterzudenken.	8	
Summe inhaltliche Leistung	**60**	

b) Darstellungsleistung

Anforderungen	Lösungsqualität	
	max.	*Punkte*
Du hast die Anforderungen der Textsorte beachtet.	4	
Deine Wortwahl ist – sowohl im Erzähltext als auch in der direkten Rede – treffend, anschaulich und situationsgerecht.	6	
Du hast deinen Erzähltext schlüssig, stringent und gedanklich klar strukturiert.	6	
Du hast Verstöße gegen die Sprachnorm vermieden.	4	
Summe Darstellungsleistung	**20**	
Summe inhaltliche Leistung	60	
Summe Darstellungsleitung	20	
Summe insgesamt	**80**	

Ergänzende Hinweise:

_____

_____

_____

Dein Beitrag wird mit der Note: _____ bewertet.

_____ , den _____

Bewertungsbogen
„Gedicht zu einer Themenvorgabe"

Name: _____   Klasse: _____

Thema: _____

a) inhaltliche Leistung

Anforderungen	Lösungsqualität	
Du hast ...	*max.*	*Punkte*
... für dein Gedicht einen inhaltlich ansprechenden, theologisch angemessenen Zugriff gewählt.	12	
... anschaulich und eigenständig formuliert.	12	
... einen deutlichen Bezug zum Thema hergestellt.	5	
... eine klare Perspektive gewählt und konsequent durchgehalten.	3	
... eine Aussage formuliert, die Interesse weckt, das Thema weiterzudenken.	8	
Summe inhaltliche Leistung	**40**	

Beurteilungs- und Benotungsverfahren

b) Darstellungsleistung

Anforderungen	Lösungsqualität	
	max.	Punkte
Du hast die formalen Anforderungen der von dir gewählten Textsorte beachtet.	4	
Deine Wortwahl ist treffend, anschaulich und atmosphärisch dicht.	7	
Du „zeigst" das, was dir wichtig ist, und behauptest es nicht nur.	8	
Deine (theologische) Bildsprache ist stimmig.	7	
Du hast deinen eigenen Bildern getraut und Selbstinterpretation vermieden.	4	
Du hast deinen Text schlüssig, stringent und gedanklich klar strukturiert.	6	
Du hast Verstöße gegen die Sprachnorm vermieden.	4	
Summe Darstellungsleistung	**40**	

Summe inhaltliche Leistung	60	
Summe Darstellungsleitung	20	
Summe insgesamt	**80**	

Ergänzende Hinweise:

_____

_____

_____

Dein Beitrag wird mit der Note: _____ bewertet.

_____ , den _____

7.3 Probleme der Bewertung

Für Lehrer, die Bedenken hinsichtlich der Benotung haben, empfiehlt es sich (zunächst), ergänzend zu den literarischen Texten „Produktionserläuterungen" einzufordern („Erläutere, warum du was wie geschrieben hast."). Diese machen Benotung objektivierbarer – und zwingen die Schüler zu einem bewussteren Einsatz und zu einer Reflexion ihrer Gestaltungsmittel.

Bei der Benotung von Produktionserläuterungen sind generell zwei Fragen von zentraler Bedeutung:
- Wird alles Wesentliche angesprochen, was im Text steht?
- Finden sich alle in den Produktionserläuterungen angesprochenen Aspekte in dem erläuterten Text? (Dies den Schülern bewusst zu machen, ist wichtig, weil sie oft wissen, was sie wollten, und dies dann erklären, ohne zu erkennen, dass sie ihre Absichten nicht umgesetzt hatten.)

Für den Religionsunterricht kommt natürlicherweise der Aspekt der theologischen Relevanz hinzu, also die Frage, ob und wie weit die Schüler beim Schreiben den Bezug zu den Fragestellungen des Religionsunterrichts hergestellt haben. Dabei sollte die Gewichtung dieses Aspekts flexibel gehandhabt werden (also gegebenenfalls nicht 16, sondern 12 oder 8 Punkte), je nachdem, an welcher Stelle im Unterrichtsverlauf die kreative Aufgabe und die Produktionserläuterungen eingesetzt werden. Beim Einstieg in eine neue Thematik ist sicher weniger zu erwarten als nach einer intensiveren unterrichtlichen Auseinandersetzung.

Wir haben Bewertungsbögen für die kreativen Arbeiten und die Produktionserläuterungen getrennt voneinander erarbeitet. Wenn eine Gesamtnote gegeben werden soll, sollten die beiden Teile im Verhältnis 2:1 gewichtet werden.

Wie Produktionserläuterungen aussehen können, möchten wir an einem Beispiel veranschaulichen. Als das Gedicht (im Frühjahr 2009 zum Thema „Sterben/Tod") entstand, besuchte die Verfasserin die 8. Klasse.

Die Rose

Das Blatt, das in dem Blut versinkt,
Blut aus längst vergessnen Zeiten.
Die Farbe Rot versinkt im Nebel,
umfangen von den Flügeln Gottes,
um das Leben dort zu schützen,
wo es wie die Rose blüht.

Janin Bastian

Ich habe unter dem Thema „Sterben/Tod" das Gedicht *Die Rose* geschrieben. Das Gedicht trägt den Namen *Die Rose*, weil ich daran dachte, dass, wenn man stirbt, der Körper stirbt, aber die Seele weiterlebt. Und die Rose verdorrt/erfriert im Winter, doch der Samen bleibt bestehen, und dass man gute und schlechte Lebensphasen hat und dadurch stark wird und sich entwickelt und aufblüht wie eine Blume. Und es gibt so unterschiedliche Wege und Entwicklungen, da dachte ich an Rosen, weil sie in so verschiedenen Farben, Arten und Formen blühen. Sie zeigen, wie prachtvoll und anmutig ein Mensch sein kann.

Das Gedicht im Ganzen zeigt, dass schreckliche Dinge passiert sind und immer noch passieren und dass es in Vergessenheit gerät, aber das Wunden zurückbleiben, d.h., es wird niemals ein vollkommenes Vergessen geben.

Meine erste Zeile habe ich gewählt, weil etwas sich nach Jahreszeiten richten zeigt, dass eine lange Zeit zwischen dem Blut verlieren und dem Ereignis liegt. Das „Blut aus längst vergessnen Zeiten" soll zeigen, dass viele all das Sterben und das Unrecht vergessen haben, es aber immer noch da ist. Die nächste Zeile zeigt noch deutlicher, dass viel Zeit vergangen ist, so dass die Erinnerung verblasst und immer schwächer wird. Mit den zwei Zeilen danach wollte ich zeigen, dass sich noch jemand erinnert und er aber diese Erinnerung für die Anderen verjähren lässt, um die Kinder nicht zu belasten und ihre Enkel. Diese Tat ist so hochgeschätzt bei mir, weil er sozusagen alles auf sich nimmt, dass ich ihn als „Gottes Flüge" bezeichnet habe. Das Leben soll toll für sie sein, und sie und ihr Leben sollen aufblühen.

Bewertungsbogen „Produktionserläuterungen"

Name: _____   Klasse: _____

Produktionserläuterung zu _____

a) inhaltliche Leistung

Anforderungen	Lösungsqualität	
Du hast ...	*max.*	*Punkte*
... deine inhaltlichen Überlegungen (Handlung, Intention) sachverhaltsgerecht und nachvollziehbar erläutert.	16	
... deine formalen Überlegungen (Sprache, Struktur, [ggf. Gattung]) sachverhaltsgerecht und nachvollziehbar erläutert.	8	
... die theologische Bedeutung deines Textes sachverhaltsgerecht und nachvollziehbar erläutert.	16	
... alle wesentlichen Aspekte angesprochen.	4	
... nur Entscheidungen erläutert, die sich in deinem Text wiederfinden.	4	
Summe inhaltliche Leistung	**48**	

b) Darstellungsleistung

Anforderungen	Lösungsqualität	
Du hast ...	*max.*	*Punkte*
... präzise und differenziert erläutert.	8	
... deine Erläuterung schlüssig, stringent und gedanklich klar strukturiert.	6	
... Verstöße gegen die Sprachnorm vermieden.	4	
Summe Darstellungsleistung	**18**	

Summe inhaltliche Leistung	48	
Summe Darstellungsleitung	18	
Summe insgesamt	**66**	

Ergänzende Hinweise:

_____

_____

_____

_____

_____

Dein Beitrag wird mit der Note: _____ bewertet.

_____ , den _____

Bewertungsgrundlage Sekundarstufe I:

Notenstufe		Für die jeweilige Noten-stufe zu erbringende Leistung in Prozent	Punktwerte
sehr gut	1	87–100 %	57–66
gut	2	73–86 %	48–56
befriedigend	3	59–72 %	39–47
ausreichend	4	45–58 %	30–38
mangelhaft	5	18–44 %	12–29

Bewertungsgrundlage Sekundarstufe II (im Bewertungsbogen sollte von „Du hast …" auf „Sie haben …" umformuliert werden):

Notenstufe		Für die jeweilige Noten-stufe zu erbringende Leistung in Prozent	Punktwerte
sehr gut (+)	1+	95–100 %	63–66
sehr gut	1	90–94 %	59–62
sehr gut (-)	1-	85–89 %	56–58
gut (+)	2+	80–84 %	53–55
gut	2	75–79 %	50–52
gut (-)	2-	70–74 %	46–49
befriedigend (+)	3+	65–69 %	43–45
befriedigend	3	60–64 %	40–42
befriedigend (-)	3-	55–59 %	36–39
ausreichend (+)	4+	50–54 %	33–35
ausreichend	4	45–49 %	30–32
ausreichend (-)	4-	39–44 %	26–29
mangelhaft (+)	5+	33–38 %	22–25
mangelhaft	5	27–32 %	18–21
mangelhaft (-)	5-	20–26 %	13–17

Kurzbiografien

Melanie Babenhauserheide: geboren 1976; deutsche Autorin, schreibt Lyrik und Prosa

Siegfried Baron: geboren 1941 deutscher Fotograf, Grafiker, Maler, Lyriker

Rudolf Bussmann: geboren 1947; Schweizer Schriftsteller, schreibt Gedichte, Erzählungen und Romane

Thomas Frahm: geboren 1961; deutscher Schriftsteller, Übersetzer und Publizist

Nora Gomringer: geboren 1980; deutsch-schweizerische Lyrikerin

Klaus Hansen: geboren 1959; deutscher Musiker und Fotograf

Gerhard Knollmann: geboren 1946; deutscher Fotograf

Ulrike Schönfelder-Hellwig: geboren 1940; deutsche Malerin, Zeichnerin, Fotografin

Rumpelstilzchen-Literaturprojekt: Das Projekt fördert seit 1981 am Widukind-Gymnasium in Enger schreibende Kinder und Jugendliche. In dem vorliegenden Buch sind die folgenden Mitglieder mit eigenen Texten vertreten:
Janin Bastian: geboren 1995 / **Dominic Beckendorf:** geboren 1994
Antonia Dreiling: geboren 1998 / **Robin Dietrich:** geboren 1990
Ann Christin Harmening: geboren 1988 / **Marvin Koltzsch:** geboren 1989
Lea Stenzel: geboren 1990 / **Rabea Usling:** geboren 1994
Anna Vodegel: geboren 1991 / **Isabel Wittland:** geboren 1996

Michael Hellwig: Lehrer am Widukind-Gymnasium in Enger, beschäftigt sich intensiv mit Projekten der Kreativitätsförderung im literarischen Bereich (u. a. *Rumpelstilzchen-Literaturprojekt* seit 1981), Herausgeber mehrerer Anthologien mit literarischen Texten jugendlicher Autorinnen und Autoren, Arbeiten für verschiedene pädagogische Verlage und für die Presse, eigene literarische Veröffentlichungen.

Mirjam Zimmermann: Lehrerin für evangelische Religion und Deutsch am Gymnasium in Ingelheim, Fachleiterin für Pädagogik am Seminar für Schulpädagogik in Bad Kreuznach. Promotion zu einem Thema der evangelischen Ethik, Habilitation im Bereich Religionspädagogik an der Universität Dortmund, ab dem WS 2011 Professorin für Religionspädagogik an der Universität Siegen.

Literatur

Berg, Sigrid und Horst Klaus: Biblische Texte verfremdet. 10 Bände, Stuttgart ab 1987

Böttcher, Ingrid (Hg.): Kreatives Schreiben. Grundlagen und Methoden, Berlin 1999

Digitale Bibliothek: Die Bibel in der Kunst, Berlin 2004

Freudenberger-Lötz, Petra: Kreatives Schreiben im Religionsunterricht. In: Religion heute 38 (1999), S. 80–84

Hellwig, Michael: Kreativitätsförderung. Schreiben literarischer Texte. Deutsch betrifft uns 2 (2001)

Das Hohelied Salomos. Zweisprachig, übersetzt, transkribiert und kommentiert von Klaus Reichert, München 1998

Humpert, Monika: Kreatives Schreiben – auch im Religionsunterricht! In: KatBl 121 (1996), S. 301–305

Löffler, Jörg / Willer, Stefan (Hg.): Geistliche Lyrik, Ditzingen 2006

Leitner, Anton G. (Hg.): Das Gedicht. Zeitschrift für Lyrik, Essay und Kritik Nr. 9 (Himmel und Hölle), Weßling bei München 2001

Meckel, Christoph: Gottgewimmer, München 2010

Mertin, Andreas / Wendt, Karin: Mit zeitgenössischer Kunst unterrichten. Religion – Ethik – Philosophie, Göttingen 2004

Mosler, Bettina / Herholz, Gerd: Die Musenkussmischmaschine. 132 Schreibspiele für Schulen und Schreibwerkstätten, Essen 2003

Leis, Mario: Kreatives Schreiben. 111 Übungen, Stuttgart 2006

Rajcsányi, Alexander: Kreativer Umgang mit Gedichten und anderen Texten im Religionsunterricht, Rot a. d. Rot 1997

Rico, Gabriele L.: Garantiert schreiben lernen. Sprachliche Kreativität methodisch entwickeln – ein Intensivkurs auf der Grundlage der modernen Gehirnforschung, Reinbek bei Hamburg 2004

Sauter, Ludwig: Kreatives Schreiben im Religionsunterricht, Stuttgart 2007

Schmitz, Dagmar: Handbuch des kreativen Schreibens für den Unterricht in der Sekundarstufe I, Donauwörth 2001

Schwab, Hans Günter: Gott im Gedicht. Ein Streifzug durch die deutschsprachige Lyrik, München 2007

Stadler, Arnold: „Die Menschen lügen. Alle" und andere Psalmen, Frankfurt/M. 1999

Toman, Rolf (Hg.): Ars Sacra. Christliche Kunst und Architektur des Abendlandes, Köln 2010

Zwanger, Helmut (Hg.): Gott im Gedicht. Von 1945 bis zur Gegenwart, Tübingen 2007

Axel Wiemer

Gott ist kein Pinguin

Theologie in
religionspädagogischer
Perspektive

2011. 208 Seiten
mit Zeichnungen, kartoniert
ISBN 978-3-525-70203-1

Axel Wiemer gießt die Aufgabe der Theologie, von Gott zu
reden und sich mit der überindividuellen Wahrheit auseinanderzusetzen in ein hilfreiches Konzept für alle, die
Religion unterrichten.

Bei (kritischem) Bezug auf die Bibel, (kritischer) Auseinandersetzung mit der theologischen Tradition und
(kritischer) Wahrnehmung gegenwärtig relevanter Fragestellungen legt Axel Wiemer besonderes Augenmerk
auf die Sprache als Kommunikationsmittel. Problem-
orientierte Fragestellungen und anschauliche Beispiele
aus Ulrich Hubs bekanntem Kinderbuch und -musical »An
der Arche um Acht« regen zum eigenen Nachdenken an
und erlauben ein Theologisieren mit Kindern, in das individuelle Erfahrungen und Bedürfnisse einfließen können.

Vandenhoeck & Ruprecht

Gesucht: die Wahrheit der Bibel

V&R

Mirjam Zimmermann /
Ruben Zimmermann
**Die Bibel – Vom Textsinn
zum Lebenssinn**
Hrsg. von Frauke Büchner, Michael
Wermke, Birgit Zweigle.
Religionsunterricht praktisch.
Unterrichtsentwürfe und Arbeitshilfen
für die Sekundarstufe II.
2003. 148 Seiten mit zahlr. Abb. und
Kopiervorlagen, kartoniert
ISBN 978-3-525-61416-7

Der Band ermöglicht vielperspektivische Arbeit mit dem
Buch der Bücher. Im Vordergrund steht das Verstehen
von Bibel, Mensch und Welt. Die Vorgehensweise ist dabei
nicht monothematisch, sondern querschnittig angelegt:
Materialien und Unterrichtsideen entfalten ihr Thema im
Horizont verschiedener theologischer Kerndisziplinen.

Die einzelnen Bausteine bringen anthropologische und
ethische Aspekte ebenso zur Geltung wie Fragen der
Gotteslehre und der Christologie. Zentrale Texte wie zum
Beispiel die Bergpredigt oder der Dekalog sind ebenso be-
rücksichtigt wie die Rezeption von Bibel und Bibeltexten
in der Alltagswelt der Gegenwart.

Vandenhoeck & Ruprecht